纪连海谈论语

公冶长·雍也·述而·泰伯篇

纪连海 著

石油工业出版社

图书在版编目（CIP）数据

纪连海谈论语：公冶长·雍也·述而·泰伯篇 / 纪连海著. — 北京：石油工业出版社，2019.1
ISBN 978-7-5183-2920-5

Ⅰ.①纪… Ⅱ.①纪… Ⅲ.①儒家②《论语》—通俗读物 Ⅳ.①B222.2-49

中国版本图书馆CIP数据核字（2018）第219541号

纪连海谈论语：公冶长·雍也·述而·泰伯篇
纪连海 著

出版发行：石油工业出版社
　　　　　（北京安定门外安华里2区1号 100011）
网　　址：www.petropub.com
编 辑 部：（010）64523607　图书营销中心：（010）64523633
经　　销：全国新华书店
印　　刷：北京晨旭印刷厂

2018年9月第1版　2018年9月第1次印刷
700×1000毫米　开本：1/16　印张：14.5
字数：190千字

定　价：38.00元
（如发现印装质量问题，我社图书营销中心负责调换）
版权所有，翻印必究

中国历史上下五千年,悠久而漫长,在历史的长河中,中华民族用劳动和智慧创造了光辉灿烂的文明,积淀了独具魅力的文化。

文化是一个民族的标志,更是一个民族的灵魂。

中华文化是中华民族无数古圣先贤、风流人物、仁人志士对自然、人生、社会的思索、探求与总结,是我国各族人民的智慧源泉与精神支柱,是中华民族的尊严与标志,更是中华民族屹立于世界民族之林的形象,它既是中华民族智慧的凝结,更是道德规范、价值取向、行为准则的集中再现。

中华民族之所以历经磨难而不衰,非常重要的一点,就是中华文化营造出的强大的民族向心力。中华传统文化是中华文明成果根本的创造力,是民族历史上道德传承、各种文化思想、精神观念形态的总和。以现在的学科分类,则囊括了中国古代的哲学、宗教、政治、科技、历史、地理、文学、教育、经济、军事、文化、艺术、民俗诸多方面。概括来说,传统文化包括经史子集、十家九流,它以先秦经典及诸子之学为根基,涵盖两汉经学、魏晋玄学、隋唐佛学、宋明理学和同时期的汉赋、六朝骈文、唐宋诗词、元曲与明清小说并历代史学等一套特有而完整的文化、学术体系。观其构成,足见其之广博与深厚。

千百年来,中华文化融入我们每一个炎黄子孙的血液,铸成了中华民族的高尚品格,书写了辉煌灿烂的历史,成为人类文明的不可或缺

的组成部分。"己所不欲，勿施于人"的行为规范、"乐以天下，忧以天下"的政治抱负、"苟利国家，不求富贵"的报国情怀、"富贵不能淫，贫贱不能移，威武不能屈"的浩然正气、"志士仁人，无求生以害仁，有杀身以成仁"的献身精神、"知人者智，自知者明"的通达心态等，都传承着中华民族的精神基因，这是我们最深厚的文化软实力。

凝魂聚气，强基固本，习近平总书记就传承和弘扬中华优秀传统文化做出一系列重要指示。他指出："我们决不可抛弃中华民族的优秀文化传统，恰恰相反，我们要很好地传承和弘扬，因为这是我们民族的'根'和'魂'，丢了这个'根'和'魂'，就没有根基了。""一个国家、一个民族的强盛，总是以文化兴盛为支撑的，中华民族伟大复兴需要以中华文化发展繁荣为条件。"

在2017年10月18日召开的中国共产党第十九次全国代表大会上，习近平总书记提出要深入挖掘中华优秀传统文化蕴含的思想观念、人文精神、道德规范，结合时代要求继承创新，让中华文化展现出永久魅力和时代风采。习近平总书记的讲话，为我们继承和弘扬传统文化指明了方向。

一个没有自己文化的国家，可能会成为一个大国甚至富国，但绝对不会成为一个强国。也许它会强盛一时，但绝不能永远屹立于世界强国之林。而一个国家若想健康持续发展，则必然有其凝聚民众的国民精神，且这种国民精神也必然是在其自身漫长的历史发展中由本国人民创造、形成的。中华民族的伟大复兴，中华巨龙的跃起腾飞，离不开传统文化的持久浸润与滋养。

传统文化对于个人的成长更为重要。众多的专家学者认为，一个人的精神启蒙，往往始于不可替代的传统经典。试想，当优秀传统文化的经典了然于心，熟能成诵，孔子、孟子、老子、庄子等伟大的先贤就与你的生命相伴了。有圣贤藏于心，笃于行，德必向善，学必精进，功自然成。潜心于传统文化，我们就会发现其蕴含的无法穷尽的智慧，并从中领略到恒久的治世之道与管理之智，体悟到超脱的人生哲学与立身之术。

中国人民在历经站起来、富起来的历史进步后，将迈入建设中国特色社会主义现代化强国"强起来"的新时代。历史悠久、光辉灿烂的中华传统文化，是一座人类文明的巨大宝库。系统地了解、认识中华文化精华，更好地继承中华民族优秀文化传统，激发民族自豪感，增强民族凝聚力，大力弘扬爱国主义精神，是我们应当担负起来的神圣的历史责任。

为了让更多读者从传统文化中受益，我们特别邀请了中央电视台"百家讲坛"著名主讲纪连海主编了这套"名家谈国学经典"丛书。

"名家谈国学经典"系列将分辑出版，这次出版的是第一辑，分别是《纪连海谈论语》《纪连海谈道德经》《纪连海谈黄帝内经》《纪连海谈孙子兵法》《纪连海谈三十六计》《纪连海谈孟子》《纪连海谈庄子》。这些经典著作高度浓缩了中华五千年文明的精华，包含了中华民族生存的大思想、大智慧。

丛书富有知识性、哲理性和可读性，尽量把艰难晦涩的传统文化予以通俗化、现实化的演绎，以古今中外的精彩案例解析深刻的文化内涵，让传统文化焕发出历久弥新的时代风采。丛书秉承了纪连海一贯的幽默活泼、接地气的语言风格，使读者在轻松愉悦和饶有趣味的阅读中，收获满满的人生感悟。

丛书瑕疵难免，错漏之处敬请读者批评指正。

孔子和《论语》

1988年1月，75位诺贝尔奖获得者在法国巴黎发表宣言："如果人类要在21世纪生存下去，就必须回到两千五百年前去汲取孔子的智慧。"

一、孔子是怎样的一个人？

孔子（公元前551—公元前479年），名丘，字仲尼，在家族中排行第二，故也有人称之为孔老二，春秋末期鲁国陬邑人，汉族，享年七十三岁，葬于曲阜城北泗水南岸，即今日孔林所在地。他是我国历史上伟大的思想家、教育家和政治家，居"世界十大文化名人"之首。

在山东曲阜2017年祭孔大典上，有专家这样解说孔子：孔子是"三个人"，一是中华文化的圣人；二是中国文化的恩人；三是百姓的亲人。

纵观孔子的一生，有必要重新认识孔子，对孔子的定位应该是思想家、教育家、政治家、儒家学派创始人和至圣先师。

孔子的业绩主要有四方面：一是兴办私学，改变了教育被官方垄断的历史；二是中华道统的奠基者，建构了仁礼并重的价值体系、内圣外王的治理之道和中和谦美的道德文明；三是中华学统的开创者，晚年删

《诗》《书》、定《礼》《乐》、赞《周易》、修《春秋》，中华学术文化全体大用，悉在六经中开出；四是一生好学不倦，勇猛精进，超凡入圣，成为万世师表。

这些都是后人对孔子的溢美之词，要想真正了解孔子，与圣人亲密接触，必须回到原点，读原汁原味的《论语》。

作为一部优秀的语录体散文集，《论语》以言简意赅、含蓄隽永的语言，记述了孔子的言论，其中所记孔子循循善诱的教诲之言，或简单应答、点到即止，或启发论辩、侃侃而谈、富于变化，娓娓动人。

读《论语》，读的是一句一句话，看见的却是一个个活生生的人。

当你用心去唤醒文字，感受孔子和弟子以及其他人物的形象，想象他们的样子的时候，语言就像渡船一样把你渡过去，沉睡的孔子也站起来了，从远处向你走来，"含情脉脉"地看着你。你的阅读就像皮格马利翁看"美女雕塑"一样，看着看着就把她看活了，你就会读出一个性格丰富、个性鲜明、十分可爱的孔子和一个个性情各异的弟子。

孔子是《论语》描述的中心，"孔子风采，溢于格言"，书中不仅有关于他仪态举止的静态描写，还有关于他的个性气质的传神刻画。

孔子达观率性，修身以敬。《阳货篇》中讲了这样一个故事，说孔子来到武城，嘲笑其治理者"割鸡用牛刀"，子游予以反驳，这使他意识到了自己的错误。"前言戏之耳"，一句话将孔子当时的羞愧展现出来，同时前一句"二三子！偃之言是也"写出了孔子虚心向弟子学习的品质。即使是圣人也会犯错误。《论语》中这段孔子犯了错被人指出后的情态描写，为严谨端庄的孔圣人涂上了一抹鲜活生动的颜色。

孔子虽然庄重，却是一个浑身充满幽默感的人，那是一种让人"近之也温"的大气、智慧、乐观和风度。当别人无不讽刺地说："孔子你可真了不起，你学了那么多玩意儿，然而却没有任何能够出名的本事，你究竟会什么呀？"孔子听了，并没有为自己辩护，而是嬉笑着对自己的弟子们说："我干什么呢？当射手呢，还是赶马车呢？我还是赶马车好了。"这是一种无厘头似的自嘲，尽显俏皮、戏谑的语气和神态，在自嘲中，一个理想主义者的大度、达观立现。

孔子还是个内心充满理想和生活热情的人，在不如意或受打击的时候，虽然也发发牢骚，说过"知我者只有老天爷吧"，或者干脆撂挑子不干，"道不行，乘桴浮于海"，要乘着竹筏隐居海外。但他也只是说说而已，他总能很快从打击中恢复，让生活变得轻松、欢快。

此外，《论语》还成功地刻画了一些孔门弟子的形象，如子路的率直鲁莽、颜回的温雅贤良、子贡的聪颖善辩、曾皙的潇洒脱俗，等等，都称得上个性鲜明，给人留下了深刻的印象。

二、《论语》是一部什么样的著作？

《论语》主要记录了孔子及其弟子的言行，共二十篇，由孔子的弟子及再传弟子编写，是我国古代儒家经典著作之一，每篇篇名以开头两三个字来取，有语录、有对话，也有故事，形式活泼多样，是了解孔子为人、孔子思想的重要资料。

《论语》完整而充分地反映了"大成至圣先师"孔子"为政以德、仁者爱人"的政治思想、"诚信处事、智慧生存"的人道思想、"有教无类、启发诱导"的教育思想，等等。直到"新文化运动"之前，它一直是中国人的蒙学必读之书。其无与伦比的历史地位和思想高度完全不亚于西方人眼中的《圣经》。

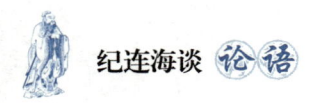

《论语》是道德与智慧的凝结，它像是一个循循善诱的教师，又像是一个正直、坦率、宽容的友人，它可以映射出人们的道德情操、品性修养，让人们在生活中找准自己的方向。

《论语》终极传递的是一种朴素、温暖的生活态度，教给人们如何在现代生活中获取心灵的快乐、适应日常秩序、找到个人坐标。

《论语》以简约的语言点出人生大道，让后人一一去实践，让那种古典的精神力量在现代的规则下融合成为一种有效的成分，让每一个人真正建立起有效率、有价值的人生。

宋代开国宰相赵普曾自诩以半部《论语》治天下。确实，《论语》作为一部自汉代以来统治中国两千多年的儒家经典著作，蕴藏着深刻的政治智慧和管理智慧。北大教授季羡林先生则进一步说，"用不了半部《论语》就能治天下，仅仅用《论语》中的'己所不欲，勿施于人'这八个字就能治天下。"被誉为"日本企业之父"的涩泽荣一说："要把现代企业建立在算盘和《论语》的基础上，我的成功经验：《论语》加算盘等于成功。"

可见，不管是学文、从商、做官还是从事企业管理，都用得上《论语》。

愿这本书像一股清泉缓缓流过人们喧嚣浮躁的心灵，成为点燃灵感、涵养智慧、提升道德的一剂灵丹妙药。

公冶长篇 1

雍也篇 57

述而篇 116

泰伯篇 182

公冶长篇

原文

子谓公冶长①,"可妻也。虽在缧绁②之中,非其罪也。"以其子③妻之。"

注释

①公冶长:姓公冶,名长,齐国人,孔子的弟子。

②缧绁:捆绑犯人用的绳索,这里借指牢狱。

③子:古时无论儿、女均称子。

原文

子谓南容①,"邦有道②,不废③;邦无道,免于刑戮④。"以其兄之子妻之。

注释

①南容:姓南宫名适,字子容。孔子的学生,通称他为南容。

②道:孔子这里所讲的道,是说国家的政治符合最高的和最好的原则。

③废:废置,不任用。

④刑戮:刑罚。

纪老师说

女儿择婿对家长来说实在是件大事，否则《西厢记》中的老夫人也不至于三番五次棒打鸳鸯了。然而，像孔子这样为后世所尊崇的千古圣贤，他会怎样选女婿？

孔子曾经说：人伦最重要的是婚姻，选择伴侣最重要的是看德行。

通过孔子为女儿和侄女选婿，我们看到了这位长辈的标准。孔子的弟子，有颜值有才华的很多，他却为女儿选了公冶长，为侄女选了南宫子容，这是为什么呢？

孔子说公冶长平日里德行甚好，虽然曾经入狱，但那是被别人牵连，并不是自己犯了罪，不能影响他的贤良，女儿可以嫁给他。

他认为南宫子容能在国家太平的时候一展自己的政治抱负，在国家处于动荡混乱的时候，也不会有牢狱之灾或因之死于非命，是个可以托付终生的人，于是把侄女嫁给了他。

在选婿时，孔子看中的不是子贡的经商机变，不是子路的勇冠三军，不是子夏的文学造诣，不是宰予的能言善辩，而是是否可靠，是否能尽到丈夫的责任。适合的才是最好的，据说，孔子的女儿女婿从此过上了幸福的生活，夫妻恩爱一生。

可见，孔子以德行择婿的标准，比时下有钱有车有房的择偶标准，靠谱多了。

名人择婿各有自己的见地。他们或重才，或重德，不管如何，他们的择婿观在今天看来仍有值得赞赏的地方。

有一年除夕，林则徐的部下都回家过年去了，只有一间屋里还有人在伏案疾书，原来是青年书记员沈葆桢在抄写公文，林则徐将一篇万言奏折给他抄写，沈葆桢秉烛夜书直至三更。谁知林则徐看了后说："字太草,必须重抄。"沈二话没说又抄写一遍,抄完已是次日上午。林则徐见他为人诚实,能吃苦耐劳,便选他做了女婿。后来这位女婿果然不凡,官至江西巡抚、两江总督。

原文

子谓子贱①,君子哉若人②,鲁无君子者,斯焉取斯③。"

注释

①子贱:姓宓名不齐,字子贱。生于公元前521年,比孔子小49岁。

②若人:这个,此人。

③斯焉取斯:斯,此。第一个"斯"指子贱,第二个"斯"指子贱的品德。

纪老师说

孔子把子贱之贤归功于"鲁之多君子",夸了宓子贱也夸了鲁国,自己好像也顺带着自豪了一把。

鲁国的确是多君子,其先祖,乃周公也。孔子在这里不仅仅自豪,更重要的是教导其他的学生:在这君子之乡,不想成为君子也难啊。多去向子贱同学学习学习,看他是如何做的。只要努力,人人都可做君子。

宓子贱做过单父宰,把那个地方治理得很好。关于他的传说有不少,主要的一条,就是说他很善于用人。善于用人,自然能顺乎民心,也得君子之心,身边聚拢一大群君子,也是自然的。

君子之风的形成源于培育、教化,更源于人们之间的相互影响。榜样的力量是无穷的。县委书记的榜样焦裕禄,已经去世50多年了,但他"亲民爱民、艰苦奋斗、科学求是、迎难而上、无私奉献"的精神却在兰考、在中国大地上,不断激励着一代又一代的党员干部。

1962年12月,焦裕禄调任兰考县委书记后,面对危害老百姓生产生活的三大灾害——内涝、风沙、盐碱,他带领全县人民全身心投入封沙、治水、改地的斗争。

他身先士卒、以身作则,风沙最大的时候,他带头去查风口,探流沙;大雨瓢泼的时候,他带头踏着齐腰深的洪水察看流势;风雪铺天盖地的时候,他率领干部访贫问苦,登门为群众送救济粮款。他经常钻进农民的草庵、牛棚,与普通农民同吃同住同劳动。他忍着肝病的折磨,靠着自行车和铁脚板跋涉5000余里,对全县149个生产大队中的120多个生产大队进行了走访,把所有的风口、沙丘、河渠逐个丈量、编号、绘图,制定了治理"三害"的科学规划。有时肝部区疼得直不起腰、骑不了车、拿不住笔,但他仍然坚守岗位,冲在一线。他总是在群众最困难、最需要帮助的时候,出现在群众面前。

他心里装着全县人民,唯独没有自己。他带领全县人民艰苦奋斗,植树治沙,取得了显著成效。1964年5月,焦裕禄因肝癌不幸病逝,年仅42岁。他被誉为"县委书记的榜样"。1966年,他被河南省人民政府追认为革命烈士。

焦裕禄的精神,影响了一代代人,出现了一批批焦裕禄式的好党员、好干部。"感动中国2016年度人物"阿布列林就是其中的一个,他被誉为"新疆焦裕禄"。阿布列林说:"在这40多年当中,我可以说尽自己最大的努力,不管是年轻的时候也好,老的时候也好,能做的工作,我都满腔热情地去做,我自己可以说,我是焦裕禄的好学生。"

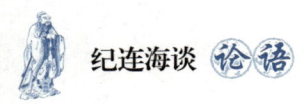

原文

　　子贡问曰："赐也何如？"子曰："女，器也。"曰："何器也？"曰："瑚琏①也。"

注释

　　①瑚琏：古代祭祀时盛粮食用的器具。

纪老师说

　　孔子前面连着评价了三个学生，都极力夸赞，这时，子贡忍不住了，站出来问道："老师，你看我怎么样啊？"

　　子贡，孔门弟子"十哲"之一，主言语科，外交家，也是富可敌国的大富豪。赐，子贡名，古时与老师交谈自称名以表恭敬。

　　孔子肯定一眼就看出了子贡的自负、傲慢，于是就毫不客气地说："你就是一件有用的器具。"子贡追问："我是个什么器具？"孔子说："是个瑚琏。"

　　为什么孔子会说子贡是器呢？因为子贡是大商人、外交家，口才又好，到了哪个国家，国君都会亲自出迎，因此，有些小傲娇。孔子实话实说，让子贡能如实地反观自己。其实，孔子这么做，是爱护子贡，子贡这样的人需要的是猛药，药越猛，子贡越有体悟。

而瑚琏，是上至周王、诸侯，下至卿大夫，置于大堂之上、宗庙之中极为尊贵、超绝华美、实有大用的大宝礼器。孔子以瑚琏比子贡，是说子贡乃是大器，具有超才，足堪重用。孔子对子贡的评价之高之妙，在获评的学生中绝对独一无二。

但孔子曾经说过"君子不器"，这里又把子贡比作"器"，一方面是说，子贡的修养还有所欠缺，另一方面表明子贡不是一般的器具，是有很大用处的。

估计子贡在听到"女，器也"时，小心脏一定卟通卟通跳得吓人，当老师最后说是"瑚琏"这样的绝美大器时，他一定是长吁一口气，暗想"还好还好"吧？

正如孔子所说，子贡的确堪当重任。

有一次，齐国的田常想作乱，但害怕高、国、鲍、晏四家，所以就移兵攻打鲁国。孔子听到消息，对学生们说："鲁国是父母之国，祖先坟墓所在，现在如此危险，你们为什么不出来保护呢？"首先，子路请求前往，孔子却制止他；接着子张、子石请求前往，孔子也不允许；最后子贡请求前往，孔子才答应。

子贡深知田常的想法及处境，先到齐国游说田常讨伐吴国，再到吴国游说吴王夫差起兵救鲁伐齐，并威逼晋国，以满足吴王称霸中原的志向。接着到越国见越王勾践，入晋国游说晋国国君，改变了当时的整个局势。

后来鲁国安然存在，齐国为田氏所乱，吴国破灭，晋国强盛，越国称霸，都是子贡发挥外交才干所致。

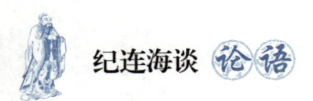

原文

或曰："雍①也仁而不佞②。"子曰："焉用佞？御人以口给③，屡憎于人，不知其仁④。焉用佞？"

注释

①雍：姓冉名雍，字仲弓，生于公元前522年，孔子的学生。

②佞：能言善辩，有口才。

③口给：言语便捷、嘴快话多。

④不知其仁：指有口才者有仁与否不可知。

纪老师说

孔子针对有人对冉雍的评论，提出自己的看法。他认为人只要有仁德就足够了，根本不需要能言善辩、伶牙利齿。他认为善辩的人肯定没有仁德，"巧言令色，鲜矣仁"；而有仁德者则不必有辩才，要以德服人，不以嘴服人。

春秋时候，人们都以口才好为时尚，而冉雍为人厚重俭朴，与当时的风气不大相同。

孔子说这番话没有贬低口才的意思，只是当时逞口舌之快的人太多，且被世人传颂称赞，滋生了一些专门以口舌之能纵横天下的人，对当时社会危害甚大。因此孔子提倡以修身为上，培养自己的德能，而不是只追求口才。

《孔子家语·观周》中记载，孔子从鲁国到周朝的都城洛邑去游学时，一次去参观了周朝供奉周太祖后稷的宗庙。在庙右边的台阶前面有一个"金人"，就是用铜浇铸的人像，而且是"三缄其口"，"缄"是封口的意思，这是说有三重封口，当然这不是叫你不说话，而是表示说话时要慎重再慎重、小心再小心。这还不够，还在"金人"的后背上写了一篇长长的铭文，有许多的箴言，都是关于要慎重言说的，主要内容包括：一、"金人"是古代教人说话要慎重的人。后人要以此为警戒。二、一个人要"无多言，多言多败"。三、"诚能慎之，福之根也；口是何伤？祸之门也"。如果能够谨慎行事，那就是幸福的根源。口有什么坏处？口就是祸害之门。

孔子认认真真地读完了这篇铭文，感触很深，他回头对跟随他的人说："弟子们要记住啊！这些话是实在而中肯的，合情而又可信的！"孔子接着引用《诗》上的话："战战兢兢，如临深渊，如履薄冰。"并且说："行身如此，岂以口过患哉！"意为"如果像这样处世行事立身，难道还会因为说话招来祸患吗？"

今天"三缄其口"成了一个成语，还有"言多必失""祸从口出，病从口入""多吃一口饭，少说一句话"等格言俗语，都成为一种文化积淀了。

原文

子使漆雕开①仕。对曰："吾斯之未能信。"子说②。

注释

①漆雕开：姓漆雕，名开，字子开，一说字子若，生于公元前540年，孔子的门徒。

②说：同"悦"，高兴。

纪老师说

孔子一生弟子众多，据说三千有余。这么多的人做孔子的学生，孔子认为某人可以去做官为民做事了，这是情理之中的事情。面对老师的肯定与赞许，漆雕开拒绝了老师的提议。被拒绝的孔子为何反而开心呢？

俗话说："人贵有自知之明。"漆雕开面对老师的赞许，没有丝毫动摇，清醒地意识到自己的不足，不愿太过仓促地走上仕途。这样的学生，孔子怎会不喜欢？

没有自知之明，会贻害无穷；有自知之明，则能避免错误发生。

1948年5月14日，以色列国诞生，但不久以色列与周围阿拉伯国家的战争便爆发了。已经定居在美国十多年的爱因斯坦立即向媒体宣称：

"现在，以色列人再不能后退了，我们应该战斗。犹太人只有依靠自己，才能在一个对他们存有敌对情绪的世界上生存下去。"

1952年11月9日，爱因斯坦的老朋友以色列首任总统魏茨曼逝世。在此前一天，就有以色列驻美国大使向爱因斯坦转达了以色列总理本·古里安的信，正式提请爱因斯坦为以色列共和国总统候选人。

当日晚，一位记者给爱因斯坦的住所打来电话，询问爱因斯坦："听说要请您出任以色列共和国总统，教授先生。您会接受吗？""不会。我当不了总统。"爱因斯坦说。

"总统没有多少具体事务，他的位置是象征性的。教授先生，您是最伟大的犹太人。不，不，您是全世界最伟大的人。由您来担任以色列总统，象征犹太民族的伟大，再好不过了。"

"不，我干不了。"爱因斯坦刚放下电话，电话铃又响了。

这次是驻华盛顿的以色列大使打来的。大使说："教授先生，我是奉以色列共和国总理本·古里安的指示，想请问一下，如果提名您当总统候选人，您愿意接受吗？"

"大使先生，关于自然，我了解一点，关于人，我几乎一点也不了解。我这样的人，怎么能担任总统呢？请您向报界解释一下，帮我解解围。"

大使进一步劝说："教授先生，已故总统魏茨曼也是教授呢。您能胜任的。"

"魏茨曼和我不一样。他能胜任，但我不能。"

"教授先生，每一个以色列公民，全世界每一个犹太人，都在期待您呢！"

爱因斯坦被同胞们的好意感动了，但他想的更多的是如何委婉地拒

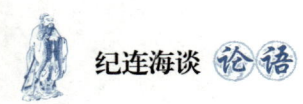

绝大使和以色列政府,而不使他们失望,不让他们窘迫。

不久,爱因斯坦在报上发表声明,正式谢绝出任以色列总统。在爱因斯坦看来,"当总统可不是一件容易的事"。

同时,他还再次引用他自己的话:"方程对我更重要些,因为政治是当前,而方程却是一种永恒的东西。"

原文

子曰："道不行，乘桴①浮于海，从②我者，其由与！"子路闻之喜。子曰："由也好勇过我，无所取材。"

注释

①桴：用来过河的木筏子。
②从：跟随、随从。

纪老师说

这段对话很有情趣，不像师徒，倒像父子之间的亲昵互动。

孔子先是跟别人感慨："如果我到海外去，只有仲由会跟着我吧。"就从这句话，我们可以断定，子路对孔子来说，有着非同一般的地位，所以，子路在听到这话之后很高兴。然而，为了打击子路的沾沾自喜，孔子马上敲了一棍子："仲由也没啥好的，就是好勇，比我还厉害。"这里，孔子抹杀了子路的其他优点，就连他最突出的"勇"，好像也加了限制——好勇好勇，有点过啊。

"道不行，乘桴浮于海"，有着一种壮志难酬的悲凉和无奈。后来，人们往往把这段话理解为孔子欲隐居，甚至还煞有介事地确认，说孔子浮于海，那是要去九夷——就是今天的朝鲜半岛，说的跟真的

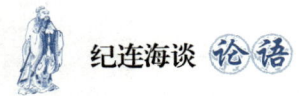

似的。

"浮于海"这句话,同样在文化史上留下了深刻的痕迹,它给后代的士人提供了一个幻想的话语。其中,把这句话演绎得最精彩的,自然是苏东坡,且看他的词《临江仙》:"夜饮东坡醒复醉,归来仿佛三更。家童鼻息已雷鸣。敲门都不应,倚杖听江声。 长恨此身非我有,何时忘却营营。夜阑风静縠纹平。小舟从此逝,江海寄余生。"

此时的苏东坡,被人诬陷而贬谪黄州,实际是软禁。劫后余生的苏东坡自然有了很多人生感慨,以他这样的大才,却沦落到几乎被杀头,不能不有所表露,而"小舟从此逝,江海寄余生"之语,大约遥与孔子当年的心情契合吧。

据说这首词第二天就传到了黄州知州耳中,知州大惊,立刻跑来察看苏东坡是否溜走。

原文

　　孟武伯问子路仁乎？子曰："不知也。"又问。子曰："由也，千乘之国，可使治其赋①也，不知其仁也。""求也何如？"子曰："求也，千室之邑②，百乘之家③，可使为之宰④也，不知其仁也。""赤⑤也何如？"子曰："赤也，束带立于朝⑥，可使与宾客⑦言也，不知其仁也。"

注释

　　①赋：兵赋，向居民征收的军事费用。

　　②千室之邑：邑是古代居民的聚居点，大致相当于后来的城镇。这里指有一千户人家的大邑。

　　③百乘之家：指卿大夫的采地，当时大夫有车百乘，是采地中的较大者。

　　④宰：家臣、总管。

　　⑤赤：姓公西名赤，字子华，生于公元前509年，孔子的学生。

　　⑥束带立于朝：指穿着礼服立于朝廷。

　　⑦宾客：指一般客人和来宾。

这位孟武伯问孔子几位著名学生,大概是想挑选他们去做官。

孔子对"仁"的要求之高,弟子们虽各具材质,在某一方面都堪当重任,然距离孔子"仁"的要求都还有所欠缺。孔子只好抛开仁德而讲他们具体能胜任什么工作,也算直接告诉孟武伯需要的答案了。

我们看到孔子给每位学生都安排了一句政治评语,可谓知人善鉴。

唐太宗时的大臣王珪,就是一位善于评人的智者。

在一次宴会上,唐太宗对王珪说:"你善于鉴别人才,尤其善于评论。你不妨从房玄龄等人开始,都一一做些评论,评一下他们的优缺点,同时和他们互相比较一下,你在哪些方面比他们优秀?"

王珪回答说:"孜孜不倦地办公,一心为国操劳,凡所知道的事没有不尽心尽力去做,在这方面我比不上房玄龄。常常留心向皇上直言建议,认为皇上能力德行比不上尧舜很丢面子,这方面我比不上魏徵。文武全才,既可以在外带兵打仗做将军,又可以进入朝廷搞管理担任宰相,在这方面,我比不上李靖。向皇上报告国家公务,详细明了,宣布皇上的命令或者转达下属官员的汇报,能坚持做到公平公正,在这方面我不如温彦博。处理繁重的事务,解决难题,办事井井有条,这方面我也比不上戴胄。至于批评贪官污吏,表扬清正廉署,疾恶如仇,好善喜乐,这方面比起其他几位能人来说,我也有一技之长。"

唐太宗非常赞同他的话,而大臣们也认为王珪完全道出了他们的心声,都说这些评论是正确的。

原文

子谓子贡曰:"女与回也孰愈①?"对曰:"赐也何敢望回?回也闻一以知十②,赐也闻一以知二③。"子曰:"弗如也。吾与④女弗如也。"

注释

①愈:胜过、超过。

②十:指数的全体,旧注云:"一,数之数;十,数之终。"

③二:旧注云:"二者,一之对也。"

④与:赞同、同意。

纪老师说

子贡的学问修为已经相当高超,孔子喻之为"瑚琏"。一天孔子问子贡:"你老实说,你和颜回谁更强一些?"子贡答道:"老师啊,我怎么敢和颜回比呢?"孔子听了以后,既深喜颜渊之贤,又喜子贡自知之明。更有意味的是,孔子说:"你不如颜回,我与你都不如颜回啊!"可见颜回学问修养超绝,也足见孔子对颜回的爱惜!

颜回家贫,平时又不善言谈,更使一些富家弟子看不起他,有时还借故侮辱他。颜回从不和这些同学计较,只是一门心思用功读书。

　　一天，有个同学的铜方圈丢了，就怀疑是颜回偷了。虽然大家都在颜回面前旁敲侧击，颜回依然镇静自若，不理不睬。这样，同学们更加怀疑是他偷的了。

　　放学后，同学们都到孔子面前说颜回偷了铜方圈，开始孔子不信，可告状多了，孔子就生气了，没想到自己门下竟会出现小偷儿，就要把颜回赶出学堂。可转念一想，颜回偷方圈又没人抓住手脖子，假如不是他，不是白白冤枉了一个好孩子吗？孔子想了想，就拿出一锭金子写了几个字，说："那就试试他吧！"

　　饭后，又见颜回第一个来到学堂。他脚一进门就被一个硬东西碰了一下，颜回穿的是草鞋，这下碰得可不轻，疼得他弯腰揉脚趾头，忽见脚下有个白纸包。颜回心想，这是什么玩意儿这么硬，打开一看是一锭金闪闪的金砖，纸上写着："天赐颜回一锭金。"

　　颜回笑了笑，取出笔也在上面写了几个字，又把金子包好再放回原处，然后走到自己的座位上，取出经书放声阅读起来。过了一会儿，有人趁颜回不注意，把那纸包交给了孔子。孔子打开一看，纸包上又多了几个字："天赐颜回一锭金，外财不发命穷人。"孔子看了默不作声，那些诬赖颜回的弟子们都低下了头。后来，丢失的方圈找到了，那个同学找颜回道歉，颜回只是一笑而过。

　　从此，孔子更加器重颜回。颜回呢，也不负师望，不仅学问大进，而且品德修养也居孔门弟子之首，成为孔子三千弟子、七十二贤人中的首位。

原文

宰予昼寝，子曰："朽木不可雕也，粪土①之墙不可杇②也，于予与何诛③！"子曰："始吾于人也，听其言而信其行；今吾于人也，听其言而观其行。于予与④改是。"

注释

①粪土：腐土、脏土。

②杇：抹墙用的抹子。这里指用抹子粉刷墙壁。

③诛：意为责备、批评。

④与：语气词。

纪老师说

"宰予昼寝"之所以成了千古话题，从本质上说不在于考证宰予白天睡大觉的原因，而在于评价孔子的是与非这一问题。

白天睡觉属于严重错误吗？古人的时间概念肯定没有现在清晰，日出日落，自然分割着人们的作息，大家睡眠时间非常充足。据说汉之前我们的祖先一天只吃早晚两顿饭，那时候应该是没有午睡习惯的。刘备三顾茅庐最后一次是耐心地等待诸葛亮睡醒午觉才进去说事的，那大概是比较早的午睡记录了。

其实，这一章的基本内容，显然是孔子对宰予白天睡大觉的一个批

评,或者说一个师长因为恨铁不成钢而说出的几句气话。

这件事对孔子触动很大。孔子说:"以前我听一个人的话就相信他能做到,现在我听了一个人说的还要看他做的,是宰予这件事让我改变的啊。"在其他场合,孔子也曾总结:"吾以言取人,失之宰予;以貌取人,失之子羽。"孔子在自己学生面前栽了两次跟头。

听言观行,这是行之有效的识人法宝啊,孔子很擅长运用。

哀公问孔子说:"应该选取什么样的人才呢?"

孔子回答道:"弓与箭协调,然后才能要求它射中;马老实善良驯服,然后再去求取好的骑手;人一定要忠实、诚恳、稳重、朴实,这以后才能要求他的智慧和才能。现在有人不忠实、诚恳、稳重、朴实,却富有智慧、才能,像这样的人犹如豺狼一般,不能让你的身体靠近它。因为这个缘故,先要看他确实是仁厚、诚恳的人,然后才亲近他,如果这个人又有智慧才能,然后再任用他。所以说,亲近仁厚的人并任用他的才能。选取人才的方法,不仅要听他说,更要观察他的行动。言语是用来抒发他胸中的志向和感情的,能干事的人,一定能用语言表达出来。因为这个缘故,先要看他说的,然后考察他的行为。"

哀公也说:"好的。"

原文

子曰:"吾未见刚者。"或对曰:"申枨①。"子曰:"枨也欲,焉得刚?"

注释

①申枨:枨。姓申名枨,字周,孔子的学生。

纪老师说

在孔子看来,刚强的品质和意志离不开内心的干净、纯真。如果贪欲太多,就会沉溺于对名声、地位、权力、金钱、美女等诸多一己之私的想象、盼望中。这种人,既不会有健康良好的人品,也不会有光明正大的意志。

孔子说"吾未见刚者",显然是对当时社会普遍的柔佞不满,同时告诫弟子们,无欲则刚。

林则徐出身于贫寒的教师家庭,他的父母都是品德高尚的人。幼年时,其父林宾日教育他"不妄与一事,不妄取一钱"。林则徐二十六岁中进士后,在翰林院里当文官,三十六岁时离京出任杭州、嘉兴、湖州的"道员",即这三地的行政长官。

杭州风景如画,美女如云,鱼米之乡。如果是个庸人,在这人间天

纪连海谈 论语

堂当官,岂不悠哉游哉!但林则徐对于官场的种种陋习十分反感,干了一年后,便以父亲生病为由,辞官而去。

林则徐回到杭州后父亲已经病愈,他却对仕途冷漠,迟迟不向朝廷报到。在给友人的一首答诗中,林则徐写道:"呜呼利禄徒,字氓何少恩……有欲刚则无,此际伏病根。"他认为私欲是官场的病根。

在查禁鸦片时期,林则徐曾在自己的府衙写了一幅对联:"海纳百川有容乃大;壁立千仞无欲则刚。"这幅对联形象生动、寓意深刻。上联谆谆告诫自己,要广泛听取各种不同意见,才能把事情办好,立于不败之地;下联砥砺自己,当官必须坚决杜绝私欲,才能像大山那样刚正不阿,挺立世间。

林则徐提倡的这种精神,令人钦敬,为后人之鉴。

原文

子贡曰:"我不欲人之加诸我也,吾亦欲无加诸人。"子曰:"赐也,非尔所及也。"

纪老师说

子贡这句话看起来是这么的眼熟,和我们十分熟悉的那句"己所不欲,勿施于人"那么类似。这或许就是子贡想要表达的意思吧。遗憾的是,被孔子一针见血地指出:这不是你能做到的事情啊。

其实孔子的言外之意是,不仅仅是你做不到,很多人都做不到。为什么?孔子认为"我不要别人强加给我,我也不要强加给别人"这样的设想根本就做不到,因为它自相矛盾,"我不要别人强加给我"这样的要求本身就已经强加给别人了。

在孔子和子贡这段对话中,孔子所质疑的并不是子贡的能力,而是子贡所说的这句话的可行性。因此,可以付诸实施的只能是"我不强加给别人",而不能附加任何前提条件,可以终身实践的只能是"己所不欲,勿施于人"。

《杂宝藏经》中记载了这样一个故事:很久以前,有一个国家叫"波罗奈国",国王颁布了一个规定:家中老父年过六十后,就要给他换上破鞋子,让他看守门户。谁家不这样做就要受法律处罚。

国王的家乡有一对兄弟，他们的父亲也已经年过六十。有一天，哥哥对弟弟说："你给父亲换一双破鞋子，让他去看门吧。"

弟弟听后走进房间，手中却拿了三双破鞋子出来。哥哥奇怪地问弟弟："为何要多拿两双破鞋子呢？"

弟弟回答："你我以后难道不会老吗？到那个时候，我们的儿子也会让我们穿着破鞋子去看门。所以，我就将我们需要的破鞋子也找来了。"

哥哥愣住了，问："我们以后当真也会这样吗？"

弟弟说："只要这种不孝顺老人的习气存在，我们就终究会有这一天。"

哥哥明白这个道理之后，就带着弟弟一同来到王宫，向国王禀明自己的想法。

国王想到自己也会有年过六十的时候，出现那种情况可不是自己想看到的。最终国王废除了这种坏习气，开始教导子女要孝顺父母。

原文

子贡曰:"孔子之文章①,可得而闻也;孔子之言性②与天道③,不可得而闻也。"

注释

①文章:这里指孔子传授的诗书礼乐等。

②性:人性。《阳货篇》第十七中谈到性。

③天道:天命。《论语》中孔子多处讲到天和命,但不见有孔子关于天道的言论。

纪老师说

天道运行,自然而然,并非言语所能表达,也无须用言语来表达,只需用心观察、体悟,在具体的学习和实践过程中获得切身体会。

孔子因而主张无言,留待弟子们在实际的行动之中去顺其自然地发现和体悟。这也正是子贡"性与天道不可得闻"的根本原因,而这,也正是孔子的伟大之处。

事实上,当后世之人通观整部《论语》之后就发现,这部书字里行间所透露出来的,都是孔子一生在强调"心志"确立的重要性,强调要在"习"中不断地增长自己的德行,文中所记载的也都是孔子按照因

材施教的方式，具体指导弟子们及问答者该如何确立"心志"和如何"习"的学问，时时刻刻告诫后来者要在习中见性，于性中见命，进而知晓天道。

"纸上得来终觉浅，绝知此事要躬行"，朱熹道出了获得真知的关键。

有一位地方官常去听心学大师王阳明的讲座，每次都听得津津有味，偶尔会呈恍然大悟之态，眉飞色舞月余后，他却深表起遗憾来："您讲得真精彩，可是我不能每天都来听，身为官员，好多政事缠绕，不能抽出太多时间来修行啊。"

王阳明接口道："我什么时候让你放弃工作来修行？"

该官员吃了一惊："难道在工作中也可以修行？"

"工作即修行！"王阳明斩钉截铁地回道。

"我愚昧得很"，该官员既迷惑又惊奇，"难道您让我一边工作一边温习您的学说？"

王阳明说："心学不是悬空的，只有把它和实践相结合，才是它最好的归宿。我常说去事上磨炼，就是要你断案，就从断案这件事上学会心学。例如，当你判案时，要有一颗无善无恶的心，不能因为对方的无礼而恼怒；不能因为对方言语婉转而高兴；不能因为厌恶对方的请托而存心整治他；不能因为同情对方的哀求而屈意宽容他；不能因为自己的事务烦冗而随意草率结案；不能因为别人的诋毁和陷害而随别人的意愿去处理。这里所讲的一切情况都是私，唯有你自己清楚这就是良知，良知就是自己知道而别人不知道，你必须认真省察克制，心中万不可有丝毫偏离而枉人是非，这就是致良知了。如果抛开事物去修行，反而处处落空，得不到心学的真谛。"

该官员恍然大悟，心灵满载而归。

原文

子路有闻，未之能行，唯恐有闻。

纪老师说

子路有一个难得的优点，就是他听到孔子教诲后，一定是去力行。如果闻道之后没有能够力行的、落实的，就担心自己再听到孔子教诲，不能力行的就变得越多了，所以他"恐后有闻"。

我们从子路这个心态里头可以体会到，子路是一个非常实干的人。听一句做一句，学到一条做一条，不贪多、不浮华。

反观自身，平时皆有所闻，往往只是听了，却没有行动；即使有所行动，却不像子路这般积极落实。当时间一久，热度一退，就丢到一边去了，学的东西也就忘光了。

实干的子路，还是个孝子呢，二十四孝图里有他。

子路小时候家里非常穷，他侍奉父母却是极尽孝心，即使家徒四壁，也要竭尽所能让父母吃好穿好，而自己往往只随便吃些粗粮。

有一次，家里没有粮食吃了，卞州的粮价却一路飞涨，家里仅剩的那些钱已无法维持下去。子路听说百里之外的某地粮价较低，便不分昼夜地赶往那里买了米，扛着回家。看着父母又能吃上香喷喷的米饭，他心里乐滋滋的。

　　两位老人过世后，子路游学到南方，得到楚王的重用。每次外出随从的车子都有上百辆，座位上的垫子铺得特别厚，每次宴饮都是丰盛的佳肴，在当时声势极为煊赫。子路却一点也不高兴，面对着自己拥有的一切常常黯然神伤，叹息着对人说："我现在虽然高贵了，可我的父母在哪里？虽然我还想吃粗粮，还想像当年一样肩扛米袋步行百里回家，可是这一切都没有机会了。"

原文

子贡问曰:"孔文子①何以谓之文也?"子曰:"敏②而好学,不耻下问,是以谓之文也。"

注释

①孔文子:卫国大夫孔圉,"文"是谥号,"子"是尊称。
②敏:敏捷,勤勉。

纪老师说

孔文子,卫国大夫,家庭混乱,私德有秽,死后封谥为"文",子贡不服,故疑而问之。孔子论人,是就是是,非就是非,是非分明,因此以孔文子的优点"敏而好学,不耻下问"答之。

"不耻下问",就是不仅听老师、长辈的教导,向老师、长辈求教,而且还求教于一般看来不如自己的一切人,并不以这样做为可耻,后来多用来形容谦虚好学。

大多数人因为害怕被别人嘲笑,不愿意去求助别人,即使在面对一些自己觉得疑惑的问题时,也选择了逃避。但据美国《纽约杂志》2014年8月21日报道,一项研究发现,人们的这种恐惧其实对人际关系没有任何好处,相反,不耻下问的人更容易受到他人的青睐。

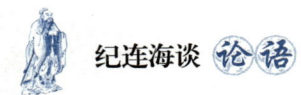

京剧大师梅兰芳,虽然在京剧艺术上取得了很高的成就,但他依然谦虚好学,不耻下问。

有一次在演出京剧《杀惜》时,在众多喝彩叫好声中,他听到有个老年观众说:"不好。"梅兰芳来不及卸装更衣就用专车把这位老人接到家中,恭恭敬敬地对老人说:"说我不好的人,是我的老师。先生说我不好,必有高见,定请赐教,学生决心亡羊补牢。"老人指出:"阎惜姣上楼和下楼的台步,按梨园规定,应是上七下八,博士为何八上八下?"梅兰芳恍然大悟,连声称谢。以后梅兰芳经常请这位老先生观看他演戏,请他指正,称他"老师"。

原文

子谓子产①有君子之道四焉："其行己也恭,其事上也敬,其养民也惠,其使民也义。"

注释

①子产:姓公孙名侨,字子产,郑国大夫,做过正卿,是郑穆公的孙子,为春秋时郑国的贤相。

纪老师说

子产,郑国大夫,春秋时期郑国的政治家和思想家,在郑国为相数十年,他仁厚慈爱、轻财重德、爱民重民,执政期间在政治上颇多建树,比孔子稍早一些,是春秋时期郑国的贤相。

当时郑国百姓常常聚集在地方的乡校中谈论政治,乡校不但是地方教育机构,还是当时百姓聚会、议事的场所。

郑国大夫然明认为,在公共场合谈论政策之失于官威有损,向子产提议禁止谈论政治,并毁坏乡校。

子产拒绝,并反问道:"为什么要毁坏乡校呢?这里只不过是老百姓劳作之余聚会的地方,他们讨论国家政治的好坏,我们正好可以借此了解民情,将他们满意的政策推行下去,将他们不满的政策加以纠正。

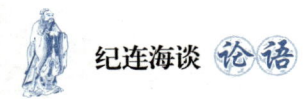

因此，百姓是我们为政者的老师。为政者只能通过努力去减少反对意见，又怎么能依仗权势禁止人们抱怨呢？毁坏乡校虽然容易，但那正如同堵塞水流一般，一旦积怨爆发，就会造成巨大的伤害。不如用像细水导引一样，我们听到群众意见就纠正政策之失，这样就能永葆安定。"

然明听完子彦这番话，交口称赞："我现在才知道子产可以成就大事，他是我们郑国的依靠啊！我的确没有政治才能，若郑国按照这样的政策去做，受益的不只是我们这些臣子！"

子产善于听取民情，用舆论监督政治，并客观形象地将民情民意比喻成"流水"，指出要像疏导洪水一样疏导社会舆论，正体现出子产开明的政治理念与高超的政治手腕。

唐太宗也用"舟"与"水"比喻"君"与"民"的关系，指出"水能载舟，亦能覆舟"，与子产的思想一脉相承。

原文

子曰："晏平仲①善与人交，久而敬之②。"

注释

①晏平仲：齐国的贤大夫，名婴，"平"是他的谥号。《史记》卷六十二有他的传。

②久而敬之："之"在这里指代晏平仲。

纪老师说

孔子在这里称赞齐国大夫晏婴，认为他与人为善，能够获得别人对他的尊敬，这是很不容易的。孔子这里一方面是对晏婴的称赞，另一方面则是希望他的学生向晏婴学习，做到"善与人交"，互敬互爱，成为有道德的人。

晏婴，春秋后期重要的政治家、思想家、外交家。以生活节俭，谦恭下士著称。据说晏婴身材不高，其貌不扬。

一天，齐景公与一些大臣、官员到寿宫去游玩，无意间，齐景公看到一位老者，面黄肌瘦，背着一大捆木柴，像是饿了很久似的，显得疲惫不堪。

齐景公看了，心里很难过，觉得他非常可怜，于是长长叹了一口

气,交代相关官吏给予这位老者收养、照顾,免得他再劳累受饿。

晏子在一旁,见到齐景公怜悯老者,便上前称赞说:"臣听说,喜好贤良的人、怜悯不幸的人,是执掌国家的根本,如今君王能怜爱老者,将恩惠广施百姓,此乃治国之本啊!"

齐景公听了晏子的称赞,心里非常高兴,不觉露出了喜悦的笑容。晏子见了,便进一步说道:"圣明之君遇到贤良就喜好贤良,遇到不幸就怜悯不幸,看到有一人受苦,便会想到其他人。如今,臣请求君王下令,凡国内年老、幼弱等无助者,还有像鳏夫、寡妇没有家室的,派各地官员调查清楚,然后给予他们妥善的安排与照顾,以此来广施君王的恩惠。"

齐景公听了晏子的建议,更加欢喜,马上答应下来,说:"这样真是太好了,就照先生您说的去办吧!"

于是,在晏子的劝谏下,齐国年老幼弱的人有了扶养与照料,鳏夫、寡妇也重新有了家室,人民生活更加安定,一片和乐,大家因此都很感恩君王的恩德。

原文

子曰:"臧文仲①居蔡②,山节藻棁③,何如其知也!"

注释

①臧文仲:姓臧孙名辰,"文"是他的谥号。因不遵守周礼,被孔子指责为"不仁""不智"。

②蔡:国君用以占卜的大龟。蔡这个地方产龟,所以把大龟叫作蔡。

③山节藻棁:节,柱上的斗拱。棁,房梁上的短柱。把斗拱雕成山形,在棁上绘以水草花纹。这是古时装饰天子宗庙的做法。

纪老师说

为了供一只乌龟,专门在家里修一栋建筑物,又修得那么漂亮、华丽、奢侈。一般人都认为臧文仲很有智慧、很有学问,孔子却说:"何如其知也?"这个"知"读"智",像他做这样事情的人,怎么能说有智慧呢?

孔子认为臧文仲做这件事,太不懂事,几乎是近于无知,他不顾周礼,我行我素,会把世风带坏的。

臧文仲是春秋时期鲁国著名的政治家,他思想开明,富有智慧,关注民生,行事务实,辅政四十余年,在内政和外交方面多有建树。

他的执政理念和为政格言对后世影响深远，许多言论被后人奉为圭臬（立言）。

孔子大约迟于臧文仲一百年，因此他对臧文仲的事迹应该比较了解，但总体评价不高，多次指名道姓地对他提出批评。

臧文仲养大龟，并且给大龟盖一座庙，这都不是问题，关键是他错就错在"山节藻棁"，他把斗拱雕成山形，短柱上绘以水草纹饰，这些都是天子宗庙的装饰。因此，一向提倡周礼的孔子肯定会站出来抗议："臧公犯了和管仲一样的错误，管仲尚且难逃指责，况臧乎？"儒家重礼，如此僭越礼制，不管你地位如何都要一视同仁。因此，孔子抓到了臧文仲的把柄，并一再对他进行批评。

同样据《国语·鲁语上》记载，当时有一只名叫"爰居"的海鸟停于鲁国都城东门外好几天，臧文仲令国人进行祭祀，这一举动遭到柳下惠的批评。柳下惠认为"无故而加典，非政之宜也"。他提出了圣王制定祭祀礼节的原则是"法施于民则祀之，以死勤事则祀之，以劳定国则祀之，能御大灾则祀之，能捍大患则祀之"。他认为祭祀的标准是"功烈于民"，认为只有像黄帝、颛顼、帝喾及尧、舜、禹、汤、文、武等人那样为人民做出巨大贡献，才值得后人为报答他们的功德而举行禘、郊、祖、宗、报五种大祭。"爰居"对人民没有功绩却去祭祀它，柳下惠批评臧文仲是"难以为仁且智也"。

在此事件上，孔子毫无疑问地站在柳下惠的立场上，指责臧文仲的"纵逆祀"。但是，臧文仲在认识到自己的错误后，曾后悔地说道："信（确实是）吾过也，季子之言不可不法也。"并让史官记载下来以示后人。可见，臧文仲是一个知错能改的人，但是孔子并没有看到他的这一优点。

原文

子张问曰:"令尹子文①三仕为令尹,无喜色;三已②之,无愠色。旧令尹之政,必以告新令尹。何如?"子曰:"忠矣。"曰:"仁矣乎?"曰:"未知。焉得仁?""崔子③弑④齐君⑤,陈子文⑥有马十乘,弃而违之,至于他邦,则曰:'犹吾大夫崔子也。'违之。之一邦,则又曰:'犹吾大夫崔子也。'违之,何如?"子曰:"清矣。"曰:"仁矣乎?"曰:"未知,焉得仁?"

注释

①令尹子文:令尹,楚国的官名,相当于宰相。子文是楚国的著名宰相。

②三已:三,指多次。已,罢免。

③崔子:齐国大夫崔杼曾杀死齐庄公,在当时引起极大反应。

④弑:地位在下的人杀了地位在上的人。

⑤齐君:即指被崔杼所杀的齐庄公。

⑥陈文子:陈国的大夫,名须无。

纪连海谈 论语

纪老师说

孔子认为，令尹子文和陈文子，一个忠于君主，算是尽忠了；一个不与逆臣共事，算是清高了，但他们两人都还算不上仁。在孔子看来，不是简单的尽忠和清高，就能算作仁义的，要做到仁，还需有更高的标准。

孔子的门槛历来高，仁，不是一般人能达到的。不过，能洁身自好，忠诚于国家，也是相当值得我们学习的。

楚国令尹子文，春秋时期楚国贤相，三任首辅，为人公正，执法廉明，对楚国强大和北上争霸，作出了杰出贡献，楚国的属官和老百姓都很敬重他。

令尹子文三次辞去令尹的职务，家里连一天用来生活的积蓄都没有，这是体恤百姓的缘故。成王听说令尹子文几乎吃了上顿就没有下顿，因此每逢朝见时就预备一束干肉、一筐干粮，用来送给子文。后来成为国君对待令尹的常例。

成王每当增加子文的俸禄时，子文一定要逃避，直到成王停止给他增禄，他才返回朝廷任职。有人对子文说："人活着就是求个富贵，但你却逃避它，为什么呢？"他回答说："当政的人是庇护百姓的，百姓的财物空了，而我却得到了富贵，这是使百姓劳苦来增加我自己的财富，那么我离死亡也就不远了。我是在逃避死亡，不是在逃避富贵。"

所以楚庄王在位的时候，灭了若敖氏家族，只有子文的后代存活了下来，直到现在还居住在郧地，做着楚国的良臣之后。

原文

季文子①三思而后行。子闻之,曰:"再,斯②可矣。"

注释

①季文子:即季孙行父,鲁成公、鲁襄公时任正卿,"文"是他的谥号。

②斯:就。

纪老师说

凡事三思,一般总是利多弊少,为什么孔子听说以后,并不同意季文子的这种做法呢?有人说,文子做事过于谨慎,顾虑太多,所以就会引发各种弊病。

凡事适当即可,过分了问题也会多。如果考虑来考虑去,就会终无宁日,最终成为考虑的巨人、行动的矮子。

季文子是鲁国季氏第三代宗主,世袭上卿,他先后辅佐鲁国文、宣、成、襄四代君主,从政时间长达五十余年。辅政期间,他为了顺应时代发展的潮流,应对大国争霸的危急局面,在施政方面做出必要的调整与改革,实行"初税亩""作丘甲"等制度,在较短的时间内使鲁国国力有所增强,有效缓解了国内的种种矛盾,为鲁国发展奠定了基础。

他一生克勤克俭，忠于宫室，在数十年的为政实践中积累了丰富的处事经验，他做事认真细致，善于谋划，思维缜密。有一次他受命出使晋国，行前得知晋襄公病重，他担心路途遥远，信息不畅，如果在途中发生变故什么都来不及准备，于是就让随从按照"遭丧之礼"准备。随从觉得纳闷，此行明明是出使聘问，不是奔丧，为什么要按照"遭丧之礼"准备呢？他说："凡事提前谋划，以备不虞之需，这是古人的经验之谈。许多事情如果我们不早做准备，事到临头就会手忙脚乱。如果我们提前准备了，到时候即使什么都用不上，我们也没有什么损失。"果然，他们到达晋国后，就得到晋襄公去世的消息，他们临行前准备的"遭丧之礼"恰好派上了用场，免去了再次往返的许多麻烦，因此随从对他佩服不已。

季文子身为国卿，处事谨慎得体，谋划深远周密，因而得到了孔子的赞许，不过孔子认为他"三思而后行"的行事风格有点儿过头了，在生活中如果能够做到"再思而后行"就可以了。

原文

子曰:"宁武子①,邦有道则知,邦无道则愚②,其知可及也,其愚不可及也。"

注释

①宁武子:姓宁名俞,卫国大夫,"武"是他的谥号。
②愚:这里是装傻的意思。

纪老师说

史上对宁武子的记载很少,从有限的资料中我们了解到,宁武子是春秋时期卫国的大夫,姓宁,名俞,武乃谥号。他经历了卫文公和卫成公两朝,卫文公时政治清明,他很有作为,智慧才能发挥得很好。然而到了卫成公时代,卫成公被一时的繁荣景象迷失了方向,荒淫而无道,卫国再次陷入了混乱之中。国内有识之士、有功之臣或遭受迫害,或离家出走。而宁武子则周旋其间,装聋作哑,自保其身,退居幕后装起糊涂,以便等待时机。

后世郑板桥说:"由糊涂到聪明难,由聪明到糊涂更难,难得糊涂。"大约源出于此,这是对乱世的一种无言的抗争。大智若愚,是智慧的表现。因此宁武子的智慧可及,装糊涂却不是一般人可及。

  《左传》记载：宁武子在鲁文公四年（公元前623年）出使鲁国，宴席上，鲁君命乐工演奏天子用来招待诸侯《湛露》《彤弓》的乐诗，他既不答礼，也不作任何反应。事后，鲁君派人私下询问他，他惊讶地答道："我还以为乐工在练习呢。这是诸侯朝拜天子，天子用以宴请诸侯而奏的乐诗。"

  这大概就是孔子所说的"痴呆"，这种"痴呆"是一种大智若愚的处世态度。从消极意义上说，它避免了自身遭到伤害；从积极意义上说，它也是对无道越礼行为的一种抗争，这大概就是孔子赞誉宁武子的用意。

  后来"愚不可及"成为成语，不过今天多就其字面意思而言，形容人极度愚蠢。

原文

子在陈①曰："归与！归与！吾党之小子②狂简③，斐然④成章，不知所以裁⑤之。"

注释

①陈：古国名，大约在今河南东部和安徽北部一带。

②吾党之小子：古代以五百家一为党。吾党意即我的故乡。小子，指孔子在鲁国的学生。

③狂简：志向远大但行为粗率简单。

④斐然：斐，有文采的样子。

⑤裁：裁剪，节制。

纪老师说

这句话是孔子周游列国，在陈时所说。当时，鲁国的执政上卿季桓子病逝，之前嘱其子季康子召孔子回国为相。因公之鱼反对，便召冉求回鲁国，出任季氏家宰。孔子知道冉求此去会受到重用，又起了思念在鲁国的门下弟子的心思，便有此感叹。

"归与！归与！"回去吧！回去吧！可见孔子的思归之心十分强烈。

"吾党之小子狂简，斐然成章"，孔子用生动的语言，描述了弟子们的形象，读后仿佛一群青年才俊站在我们面前，朝气蓬勃，志高才远，令人神往。"得天下英才而教之"，孔子弟子有志有才，但孔子赞许他们的同时，也了解他们的缺点，而自己在外多年，不能耳提面命、亲自指导，现在他们怎样了？孔子一声感叹，思归之心跃然纸上。

但由于当时政治形势的关系，孔子不便回到鲁国。冉求走的时候，子贡曾嘱托冉求"即用，以孔子为招"。这一年是鲁哀公三年（公元前491年），但直到鲁哀公十一年（公元前484年），冉求因在对齐国作战时有功，并对季康子进言，季康子才认识到孔子的价值，于是迎孔子归鲁。其间，孔子又在列国颠沛流离了八年。

原文

子曰:"伯夷叔齐①不念旧恶②,怨是用希③。"

注释

①伯夷叔齐:殷朝末年孤竹君的两个儿子。父亲死后,二人互相让位,都逃到周文王那里。

②不念旧恶:别人对自己有怨,不去计较。

③希:同"稀",少的意思。

纪老师说

这一章,孔子主要称赞的是伯夷叔齐的"不念旧恶"。

商朝末年,东北的孤竹国国君有三个儿子,大儿子伯夷,二儿子公望,三儿子叔齐,叔齐最为有才,国君就想把王位传给叔齐。叔齐就说:"自古以来王位都是传给长子,不传次子,父亲传给我更是不符合天道的。"于是为了让国,就跑了。伯夷见此,就说:"父亲的王位是想要传给弟弟的,不是传给我的,如果我接受了,就是违背父道。"于是也让国,跑了。我们只听说过"逃跑新娘",但从来没有"逃跑国王"。但伯夷叔齐就是跑了,跑还不只跑一个,一跑就跑一双。

伯夷、叔齐听说周文王"善养老者",便从北海之滨赶到丰邑。此

时周文王已经去世，周武王继位，他正在积极准备东进伐纣。伯夷、叔齐得知后，拦在周武王马前，拉住马辔劝谏周武王不要伐纣，因为他们认为周武王是商朝的诸侯，是臣子，以臣弑君，是为不仁。

周朝建立以后，伯夷、叔齐觉得他们是商朝的臣子，不能吃周朝的粮食，不然就是没有风骨、没有气节，就是不忠，于是跑到山上吃野菜度日。后遇一智者嘲笑他们说：你们不吃周朝的粮食，现在已经是周朝的天下，难道野菜不是周朝的野菜吗？伯夷、叔齐听后绝食而死。

孔子对两兄弟赞赏有加，认为他们品德高洁，实在是后人学习的榜样。《论语》中有好多话是用来称赞他兄弟的。

这个故事，鲁迅先生写得很幽默，收录在他的《故事新编》中，名叫《采薇》。

原文

子曰："孰谓微生高①直？或乞醯②焉，乞诸其邻而与之。"

注释

①微生高：姓微生名高，鲁国人。当时人认为他为人直率。
②醯：即醋。

纪老师说

微生高，鲁国人。《战国策》《庄子》《汉书》都记载作"尾生高"。他曾与一名女子相约在桥下约会，女子不知何故没有赴会，时逢大雨，河水暴涨，微生高仍然坚守与女子的约定，抱定桥柱不肯离去，结果溺死于河中。当时的人们以为他能够如此信守约定，他的品格肯定也是直率真诚的。

孔子不以为然，微生高从邻居家讨醋给来讨醋的人，并不直说自己没有，对此，孔子认为他并不直率。

借他人之物，以售私德，这不是正直的品格。

什么样的人才算"直"呢？

陶渊明先生是东晋末年人，天真率直的本性，是历来文人君子所赞叹的。

他的家里很贫穷，本身却是嗜好饮酒，据《南史·陶潜传》说，不管是地位高贵或是卑贱的客人来访，家里如果还有酒，一定拿出来请客，与客人同饮，假使自己先喝醉了，也不会矫情勉强，便向客人说："我醉欲眠卿可去。"即我醉了想要睡觉，您可以离开了！这种真率，对于世俗的得失，没有半点牵挂，不是后世矫揉造作的文人雅士所能模仿的。

原文

子曰:"巧言、令色、足恭①,左丘明②耻之,丘亦耻之。匿怨而友其人,左丘明耻之,丘亦耻之。"

注释

①足恭:一说是两只脚做出恭敬逢迎的姿态来讨好别人;另一说是过分恭敬。这里采用后说。

②左丘明:姓左丘,名明,鲁国人,相传是《左传》一书的作者。

纪老师说

本章记录了孔子和左丘明共以为耻的行为:花言巧语、嬉皮笑脸、卑躬屈膝、口是心非。四种行为的关键在于均非出自真心。

左丘明,春秋末期鲁国人,深得世人尊敬和爱戴,孔子视其为君子,尊称其左丘明,谓之与其共好恶,"左丘明耻之,丘亦耻之"。

奸臣李林甫身上鲜明地表现出了这种行为。

此人若论才艺倒也不错,能书善画。但若论品德,那是坏透了。他忌才害人,凡才能比他强、声望比他高、权势地位和他差不多的人,他都不择手段地排斥打击。对唐玄宗,他有一套谄媚奉承的本领。他竭力迁就唐玄宗,并且采用种种手法,讨好唐玄宗宠信的嫔妃以及心腹太

监,取得他们的欢心和支持,以便保住自己的地位。

李林甫和人接触时,外貌上总是露出一副和蔼可亲的样子,嘴里尽说些动听的"善意"话,但实际上,他的性格非常阴险狡猾,常常暗中害人。

有一次,他装做诚恳的样子对同僚李适之说:"华山出产大量黄金,如果能够开采出来,就可大大增加国家的财富。可惜皇上还不知道。"李适之以为这是真话,连忙跑去建议唐玄宗快点开采,唐玄宗一听很高兴,立刻把李林甫找来商议,李林甫却说:"这件事我早知道了,华山是帝王'风水'集中的地方,怎么可以随便开采呢?别人劝您开采,恐怕是不怀好意;我几次想把这件事告诉您,只是不敢开口。"唐玄宗被他这番话所打动,认为他是一位忠君爱国的臣子,反而对李适之大不满意,逐渐将他疏远了。

就这样,李林甫凭借这套特殊的"本领",一直做了十九年宰相。一个个有才能的正直的大臣全都遭到排斥,一批批钻营拍马的小人都受到重用提拔。就在这个时期,唐朝的政治从兴旺转向衰败,"开元之治"的繁荣景象消失,接着出现的就是"天宝之乱"。

因此,我们一定要严加防范,绝不给李林甫之流可乘之机,以绝后患。

原文

　　颜渊、季路侍①。子曰："盍②各言尔志。"子路曰："原车马，衣轻裘，与朋友共，敝之而无憾。"颜渊曰："愿无伐③善，无施劳④。"子路曰："愿闻子之志。"子曰："老者安之，朋友信之，少者怀之⑤。"

注释

①侍：服侍，站在旁边陪着尊贵者叫侍。

②盍：何不。

③伐：夸耀。

④施：表白。劳：功劳。

⑤少者怀之：让少者得到关怀。

纪老师说

　　颜渊，孔门德行科高材生；子路，孔门政事科高材生。子路，豪侠义气，义胆忠肠，喜善好施，乐以助人。颜渊，仁者之风，不自我夸耀，不施劳于人。孔子是圣人之志，"老者安之，朋友信之，少者怀之"，做到"老有所养，壮有所用，幼有所长"，正是理想的大同社会。

师生三人各言其志,志无对错之分,却有高下之别,子路是侠士,颜渊是仁人,孔子是"圣人"。

如果说,子路所重视的主要是丰衣足食的物质生活,那么,颜渊所向往的主要是德崇品高的精神生活;而孔子所憧憬的则是物质生活和精神生活都得到满足的理想社会。

孔子所说的"老者安之,朋友信之,少者怀之",既想让当时的人们过上美好的日子而又有高尚的情操,更想让将来的人们能够这样。孔子的思想是超越时空的。他这样想、这样做,就表明,他不仅要对得起老一代,也要对得起自己这一代,尤其要对得起未来的一代。

大家想想,现在我们所追求的社会,在《论语》中,孔子是不是早已绘好了蓝图?我们今天说的"两个文明""和谐社会",以及"学有所教,劳有所得,病有所医,老有所养,住有所居"等,孔子在两千多年前就想到了啊。

"人是为了别人活着"爱因斯坦说,"有一件事情我们是很清楚的:我们是为别人而活,最重要的是为了这些人活:他们的笑容和幸福构成了我们快乐的源泉。同时,我们活着还为了另外无数个不相识的生命,以怜悯之心,将我们同他们的命运联系起来。"

如果我们每个人都能让别人因我们的存在而快乐,孔子的理想就会实现,而不仅仅只是蓝图。

原文

子曰:"已矣乎!吾未见能见其过而内自讼者也。"

纪老师说

讼有咎责、忏悔,检讨之意。"自讼"即开展自我批评。我们常说批评与自我批评相结合,但我们经常批评别人,很少自我批评。

人非圣贤,孰能无过?过而能改,善莫大焉。要改正自己的错误就得深深忏悔,即从内心深处反省自己。无论是真善美,还是假恶丑,都应该不加修饰地进行解剖,恰如鲁迅所说的那样:"时时刻刻解剖自己。"

能自省的人,其德必成,其业必兴。

1942年9月16日,《新华日报》的副刊《团结》创刊,周恩来专门撰写了创刊词《"团结"的旨趣》,文中,他反复强调曾子的"吾日三省吾身"的重要性,强调这种"反省功夫"对个人和政党的益处。

在这篇创刊词中,针对个人的"反省功夫",周恩来在文中指出:"一个人的反省功夫,能时时这样,而且做错了就改,不足的就加,那这个人的修养一定成功。"

针对一个政党如何做好反省功夫,他说:"迄今以前,一切革命党之所以陷于灭亡,就是由于他们自傲和不善于看出自己力量之所在,并

害怕说出自己的弱点。而我们是不会灭亡的,因为我们不怕说出自己的弱点,而且学会克服弱点。"

周恩来鲜明地指出:"一个合乎时代要求的政党或团体的反省功夫,如果能认真到这样,那这个政党或团体就一定成功。"

周恩来的这篇创刊词,不仅仅反映了这个刊物的出版意义,更彰显了这位世纪伟人虚怀若谷的胸怀。历史也正如周恩来在创刊词中所写的那样,中国共产党之所以发展到今天,正是不断地做"反省功夫",使这个政党合乎时代的要求,领导国家和人民走向兴盛。

而周恩来本人不仅用其光辉的一生践行了"个人修养的最好规范",也用其毕生的精力为中国共产党的"反省功夫"做出了不遗余力的贡献。

周恩来逝世后,香港《明报》发表社论对他作了这样的评价:"周恩来并无什么传世的著作,但他对于国家、民族、人民的贡献,即使反共之人也决计不能抹杀。他一生光明磊落,大公无私,行高于众而人不妒,功高于天下而不自私。我们很难具体说他的'德'是什么,只是人人钦仰,心向往之,那就是最高的德了。"

原文

子曰:"十室之邑,必有忠信如丘者焉,不如丘之好学也。"

纪老师说

孔子是一个十分坦率直爽的人,他认为自己的忠信并不是最突出的,因为在只有十户人家的小村子里,就有像他那样讲求忠信的人,但他坦言自己非常好学,表明他承认自己的德行和才能都是学来的,并不是"生而知之。"

忠信如丘,但学不如丘,故人不如丘矣。"好学"恰恰是孔子的真面目。

孔子好学,自始至终。

相传孔子五六岁的时候,母亲就教他认字。孔子对认字读书非常认真用心,母亲每天教他几个字,他跟母亲念诵几遍后母亲就忙自己的家务去了,孔子就用小木棍在地上练字,天天坚持,从不间断,不仅把新学的字反复写上几十遍,还要把以前学过的字再重新练写几次。就这样,他的知识越来越丰富。

晚年,他得到一部《易》。春秋时期没有纸,字都是写在竹简上,然后又用熟牛皮绳子编联起来的。《易》文字艰涩,内容隐晦,孔子就

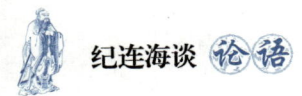

翻来覆去地读，一遍又一遍，结果多次把串联竹木简的牛皮绳子都给磨断了，叫作"韦编三绝"。后人用成语"韦编三绝"形容读书刻苦勤奋。

雍也篇

原文

子曰:"雍①也可使南面。"

注释

①雍:姓冉,名雍,字仲弓,孔子的弟子。与冉耕(伯牛)、冉求(子有)皆在孔门十哲之列,世称"一门三贤"。

原文

仲弓问子桑伯子①。子曰:"可也,简②。"仲弓曰:"居敬③而行简④,以临⑤其民,不亦可乎?居简而行简,无乃⑥大⑦简乎?"子曰:"雍之言然。"

注释

①子桑伯子:人名,此人生平不可考。

②简:简要,不烦琐。

③居敬:为人严肃认真,依礼严格要求自己。

④行简:指推行政事简而不繁。

⑤临:面临、面对。此处有"治理"的意思。

⑥无乃:岂不是。

⑦大:同"太"。

纪老师说

这是冉雍与孔子对子桑伯子评价的一番对话。孔子说子桑伯子的特点是简略,但如何简略,却未详细阐述。冉雍根据自己的理解,提出简略应有两种情况:一种是为人处世的态度上恭敬严谨,一丝不苟,精益求精,但处理起事情来却能够简明扼要,不烦琐,不拖拉,果断利落;另一种是为人处事态度马马虎虎,轻慢粗略,处理起事情来也同样粗枝大叶,简单敷衍。前一种值得称道,后一种不足取。

孔子听后觉得冉雍说得很有道理,比自己理解深刻,而这种理解正是治世之才,难怪孔子说"雍也可使南面"。

《淮南子》有云:"非易不可以治大,非简不可以合众。"意思是说,不采用容易的办法就不能做成大事,不是简单易行的方法就不能让大家和谐一致。

简,也可以成就大业。

中国封建社会历史上第一个治世——"文景之治"的创造者汉文帝,生活简单朴素,不讲排场。

史载,汉文帝刘恒"履不藉以视朝",即穿着草鞋上朝。由于制作草鞋的材料以草和麻为主,非常经济,且取之不尽,用之不竭,平民百姓都能具备,汉代称之为"不藉"。汉文帝时,已经有了布鞋,草鞋沦为贫民的穿着,而汉文帝刘恒仍穿着草鞋上朝,做了节俭的表率。不仅是草鞋,就连他的龙袍,也叫"绨衣","绨"在当时是一种很粗糙的色彩暗淡的丝绸。就是这样的龙袍,汉文帝也一穿多年,破了,打个补丁再穿。后宫嫔妃也是朴素服饰,衣着不准长得下摆拖地。帐子、帷子全没刺绣、不带花边。

汉文帝在位二十三年,没有盖宫殿,没有修园林,没有增添车辆仪仗,甚至连马都没增添。他关心百姓的疾苦,刚当皇帝不久,就下令:由国家供养八十岁以上老人,每月发给他们米、肉和酒;对九十岁以上的老人,再增发一些麻布、绸缎和丝棉,给他们做衣服。

在文帝死前,最后安排了一次简约活动——他的丧事。他在遗诏中痛斥了厚葬的陋俗,要求为自己简办丧事,对待自己的归宿"霸陵",明确要求:"皆以瓦器,不得以金银铜锡为饰,不治坟,欲为省,毋烦民。"

像这样一生为民、俭朴勤政,并不断改进政策,为强国富民孜孜以求的皇帝,历史上实不多见。当时国库里的钱多得数不清,串钱的绳子都烂了;粮仓的粮食一年年往上升,都堆到粮仓外边了。后来赤眉军攻进长安,所有皇陵都被挖了,唯独没动汉文帝的陵墓,因为知道里面没啥好东西。

纪连海谈 论语

原文

哀公问："弟子孰为好学？"孔子对曰："有颜回者好学，不迁怒①，不贰过②，不幸短命死矣。今也则亡③，未闻好学者也。"

注释

①不迁怒：不把对此人的怒气发泄到彼人身上。
②不贰过："贰"是重复、一再的意思。这是说不犯同样的错误。
③亡：同"无"，没有。

纪老师说

据说孔子有三千弟子，七十二贤人，可是当别人问孔子谁最好学的时候，孔子赞扬颜回是最好学的学生，同时，还夸赞了颜回的另外两个优点："不迁怒，不贰过"。

"不迁怒"，就是自己不把愤怒发泄到别人身上去，不拿不相干的人当出气筒。有的人由于乱发脾气，甚至做了历史的大罪人，就像"冲冠一怒为红颜"的吴三桂。

"不贰过"，就是知错就改，不再犯同样的错误。

听起来简单，能做到的却不多，这也是孔子为什么称赞颜回无人能比的原因了。

史上的唐太宗能够不计前嫌、以史为鉴，差不多做到了"不迁怒，不贰过"。

唐太宗不记旧恨，选用人才，而且鼓励大臣们把意见当面说出来，在他的鼓励之下，大臣们也敢于说话了。特别是魏征，有什么意见就在唐太宗面前直说。

有一天，唐太宗读完隋炀帝的文集，跟左右大臣说："我看隋炀帝这个人，学问渊博，也懂得尧、舜好，桀、纣不好，为什么干出事来这么荒唐？"魏征接口说："一个皇帝光靠聪明渊博不行，还应该虚心倾听臣子的意见。隋炀帝自以为才高，骄傲自信，说的是尧舜的话，干的是桀纣的事，到后来糊里糊涂，就自取灭亡了。"唐太宗听了，感触很深，叹了口气说："唉，过去的教训，就是我们的老师啊！"

看到唐太宗有不对的地方，魏征就当面力争。有时候，唐太宗听得不是滋味，沉下了脸，魏征还是照样说下去，叫唐太宗下不了台。

有一次，魏征在上朝的时候，跟唐太宗争得面红耳赤。唐太宗实在听不下去了，想要发作，又怕在大臣面前弄丢了自己接受意见的好名声，只好勉强忍住。

退朝以后，他憋了一肚子气回到内宫，见了他的妻子长孙皇后，气冲冲地说："总有一天，我要杀死这个乡巴佬！"

长孙皇后很少见太宗发那么大的火，问他说："不知道陛下想杀哪一个？"唐太宗说："还不是那个魏征！他总是当着大家的面侮辱我，叫我实在忍受不了！"

长孙皇后听了，换了一套朝见的礼服，向太宗下拜。唐太宗惊奇地问道："你这是干什么？"

长孙皇后说："我听说有英明的天子才有正直的大臣，现在魏征这

样正直，正说明陛下的英明，我怎么能不向陛下祝贺呢！"

这一番话就像盆清凉的水，把太宗满腔怒火浇熄了。

贞观十七年，直言敢谏的魏征病死了。唐太宗很难过，他流着眼泪说："一个人用铜作镜子，可以照见衣帽是不是穿戴得端正；用历史作镜子，可以看到国家兴亡的原因；用人作镜子，可以发现自己做得对不对。魏征一死，我就少了一面好镜子了。"

原文

子华①使于齐，冉子②为其母请粟③。子曰："与之釜④。"请益。曰："与之庾⑤。"冉子与之粟五秉。子曰："赤之适齐也，乘肥马，衣轻裘。吾闻之也，君子周⑥急不济富。"

注释

①子华：姓公西，名赤，字子华，孔子的学生，比孔子小42岁。

②冉子：冉有，在《论语》书中被孔子弟子称为"子"的只有四五个人，冉有即其中之一。

③粟：在古文中，粟与米连用时，粟指带壳的谷粒，去壳以后叫做米；粟字单用时，就是指米了。

④釜：古代量名，一釜约等于六斗四升。

⑤庾：古代量名，一庾等于二斗四升。

⑥周：周济、救济。

原文

原思①为之宰②，与之粟九百③，辞。子曰："毋，以与尔邻里乡党④乎！"

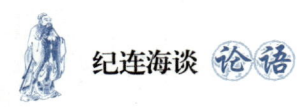
纪连海谈 论语

注释

①原思：姓原，名宪，字子思，鲁国人。孔子的学生，生于公元前515年。孔子在鲁国任司法官的时候，原思曾做他家的总管。

②宰：家宰，管家。

③九百：没有说明单位是什么。

④邻里乡党：相传古代以5家为邻，25家为里，12500家为乡，500家为党。此处指原思的同乡，或家乡周围的百姓。

纪老师说

同样出仕的人，公西赤和原思，孔子对给予他们小米的态度却不一样，这是为什么呢？

孔子看到公西赤"乘肥马，衣轻裘"，生活奢华，不差钱，所以不多给他母亲小米；而原思则不同，他是出了名的贫困户，孔子也了解他不贪心，多给他小米。原思推辞不要，孔子便让他把多余的赠予其他急需的人。孔子是依据当下的实际情况做出如实的判断，真正做到了"周急不继富"，也正符合"天之道，损有余而补不足"。

孔子在这里就批评了冉求，显示出孔子的周济之道。批评他，更重要的是给我们教育，让我们明白帮助人要周急不继富，要雪中送炭，而不是锦上添花。

据说，宋太宗赵匡胤贵为帝王，却知道创业不易，因此生活很俭朴，也很能体恤百姓。

有年冬天很冷，太宗穿着狐狸皮外套，坐在温暖的屋子里还觉得冷。他思虑道："天气这么冷，那些缺衣少柴的百姓肯定也很冷。"

于是，他把开封府尹召进宫，对他说道："现在这么冷，我们这些吃穿不愁的人都觉得冷，那些缺衣少食、没有木炭的百姓肯定更冷。你现在就带人拿着衣食和木炭去城里走走，帮帮那些无衣无柴的百姓。"

开封府尹听后，立刻带人拿着衣食和木炭，去问候那些贫困的百姓。受到救助的人们都很感激。于是，历史上便留下了"雪中送炭"的佳话。

怎样帮助穷人也是一门学问，孔子帮助原思已经算是不露痕迹了，原思还是不接受。某一年山西大旱，遍地饿殍，百姓甚至易子而食，晋中榆次的常家没有直接赈灾而是花费数万两银子修戏台，只要搬得一块砖头，常家就负责管饭，让灾民既有尊严又不会饿肚子。灾荒持续了三年，常家的戏台也修了三年。乔家则捐银施粥，比施粥本身更珍贵的在于他们在施粥期间将自己的生活标准降到最低，乔家还严令家人在灾民没有吃上粥之前不准开饭。

能让人坦然接受与慷慨施予一样重要。

原文

　　子谓仲弓，曰："犁牛①为之骍且角②。虽欲勿用③，山川④其舍诸⑤？"

注释

①犁牛：耕牛。古代祭祀用的牛不能以耕牛代替，系红毛长角，单独饲养的。

②骍（xīng）且角：祭祀用的牛，毛色为红，角长得端正。骍：红色。

③用：用于祭祀。

④山川：山川之神。此喻上层统治者。

⑤其：有"怎么会"的意思。舍：舍弃。诸："之于"二字的合音。

纪老师说

　　这是孔子在开导仲弓吧？

　　冉雍出身贫苦，据说其父贱而恶，名声不好，冉雍难免有时会为父亲羞愧，多少有自卑的感觉。这里孔子用比喻的方式劝解冉雍：不要因为家庭出身和父亲的品行就生出自卑感，只要自己有真学问、真本领，即便没有人重用你，上天也不会舍弃你的。

冉雍德行很高,不会花言巧语,孔子给了他所有弟子中最高的评价:"雍也可使南面",说他具有君临天下的气魄和胸襟。

我们谁也选择不了出身,但我们可以选择奋斗来改变命运。

林肯出生卑微,一身孤苦奋斗,厄运连连,屡战屡败,但坚持不懈的他最终成就了辉煌。

在林肯当选总统那一刻,整个参议院的议员都感到很不服气,因为林肯的父亲是个鞋匠。而当时的参议员大都出身名门望族,自认为是上流人士,怎可容忍自己面对的总统是一个卑微的鞋匠的儿子。所以,当林肯首次站在参议院的演讲台上时,一位态度傲慢的参议员便羞辱他说:"林肯先生,在你开始演讲之前,我希望你记住,你是一个鞋匠的儿子。"台下的参议员立刻哄笑起来。

但林肯并没有因此而恼怒,他平静地对大家说:"我非常感谢你使我想起了我的父亲。他已经过世了,我一定会永远记住你的忠告,我永远是鞋匠的儿子,我知道我做总统永远无法像我父亲做鞋匠那样做得出色。"

接着,林肯转头对那个傲慢的参议员说:"就我所知,我父亲以前也为你的家人做鞋子,如果你的鞋子不合脚,我可以帮你改正它,虽然我不是一个伟大的鞋匠,我无法像我父亲那么伟大,他的手艺是无人可比的。"说到这里,林肯流下了眼泪,顿时,所有的嘲笑声变成了一阵阵的掌声。

林肯并没有因为步入权力的顶峰而以新贵自居,相反,卑微的出身成了他体察民情、为民众为国家的利益而努力的基石,他以自己的身体力行赢得了人们的敬重,多次被评为最伟大的总统。

原文

子曰："回也，其心三月①不违仁，其余则日月②至焉而已矣。"

注释

①三月：指较长的时间。
②日月：指较短的时间。

纪老师说

孔子又在赞美颜回了！从整部《论语》来看，孔子对其他学生都有或多或少的批评，唯独对于颜回，只有赞美，没有批评。

为什么是"三月"呢？孔子周游列国时，颜回长时间陪伴在孔子的身边，孔子时时刻刻在默默地观察他。三个多月来，不论是颠沛，还是流离，颜回无一不出于仁。孔子就是从颜回的细行来察其心，看到颜回的所作所为，就知道其终身不违仁呀！

其他弟子则修持不如颜回，不能力守仁心。孔子固然在赞美颜回，其实更希望其他弟子见贤思齐。

颜回的确配得上老师的称赞，《孔子家语》的记载便是最好的佐证：

孔子周游列国时，在陈国和蔡国之间的地方受困缺粮，饭菜全无，七天粒米未进，体力不支，白天也只能躺着休息。颜回不知道从哪里讨来一些米，回来后就煮起了饭，快要熟了。孔子却看见颜回用手抓锅里的饭吃。一会儿，饭熟了，颜回请孔子吃饭。

孔子假装没看见刚才他抓饭吃的事，起身说："我刚才梦见了先父，这饭很干净，我用它先祭过父亲再吃吧。"（用过的饭是不能祭奠的，否则就是对先人不尊重）颜回回答道："使不得！刚才煮饭的时候，有点炭灰掉进了锅里，弄脏了米饭，丢掉不好，我就抓起来吃掉了。"

孔子叹息道："人应该相信自己的眼睛，但即便是眼睛看到的仍不一定可信；人依靠的是心，可是自己的心有时也依靠不住。学生们记住，了解一个人是多么不容易呀。"

纪连海谈 论语

原文

　　季康子①问："仲由可使从政也与？"子曰："由也果②，于从政乎何有？"曰："赐也可使从政也与？"曰："赐也达③，于从政乎何有？"曰："求也可使从政也与？"曰："求也艺④，于从政乎何有？"

注释

　　①季康子：他在公元前492年继其父为鲁国正卿，此时孔子正在各地游说。8年以后，孔子返回鲁国，冉求正在帮助季康子推行革新措施。孔子于是对此三人做出了评价。

　　②果：果断、决断。

　　③达：通达、顺畅。

　　④艺：有才能技艺。

纪老师说

　　公元前492年，季康子继承父亲季桓子的职位成为鲁国正卿，把持鲁国政务，而孔子仍在各地过着游说的生活。八年以后，孔子被迎回鲁国，其弟子冉求正在帮助季康子推行革新措施，干得不错。出于礼节，季康子向孔子询问他学生的才干，孔子做了很自信的回答，对三个弟子的特点特征都分别用了一个字来概括：由是"果"，赐是"达"，求是"艺"，即子路做事勇于决断，敢于承担；子贡明白事物之理；冉有则具有办事的能力。而对于他们是否有参政的能力，孔子果断地说："对于管理政事有什么难呢？"

孔子真具知人之明啊！他的弟子子贡也不差，也具备了这样的品质。

一次，卫国一位使者向子贡了解孔子弟子的情况，子贡就介绍好学不倦的颜回，勇敢无畏的子路，多才多艺的冉求，节操高尚的曾参等同学，惟独没有谈他自己。

后来孔子知道了这件事，高兴地对子贡说："你已经有知人之明了。知人之明，方能自知之明；自知之明的人，才能有大作为啊。"子贡施礼谢了老师的夸奖。

孔子进一步对子贡说："你知道了谦虚，那谦虚的实质是什么呢？"孔子不等子贡回答，便接着说："就像大地一样，大地不比什么都低吗？但大地挖深了就涌出泉水来，播了种就长出五谷来，草木生长，鸟兽繁衍，所有的生命都来自大地，所有的死亡都回归大地，大地无所不包，无所不容，养育万物而从没听过它说什么。"子贡听了连连点头。

原文

季氏使闵子骞①为费②宰，闵子骞曰："善为我辞焉！如有复我③者，则吾必在汶上④矣。"

注释

①闵子骞：姓闵，名损，字子骞，鲁国人，孔子的学生，比孔子小15岁。

②费：季氏的封邑，在今山东费县西北一带。

③复我：再来召我。

④汶上：汶，水名，即今山东大汶河，当时流经齐、鲁两国之间。在汶上，是说要离开鲁国到齐国去。

纪老师说

冉求在季氏做官，子路、子贡也曾在鲁国任职，但季氏权臣在鲁国嚣张跋扈，所作所为常为世人所不齿，孔子的学生大多不愿为季氏出力，闵子骞就是最好的例子。

宋儒大家朱熹对闵子骞的这一做法极表赞赏，他说：处乱世，遇恶人当政，"刚则必取祸，柔则必取辱。"即硬碰或者屈从都要受害，又刚又柔，刚柔相济，才能应付自如，保存实力。这种态度是极富智慧的处世哲学。

闵子骞，名损，字子骞，春秋时期鲁国人，孔子高徒，在孔门中以德行与颜回并称，为七十二贤人之一。

"曹溪一滴"是著名的成语，出处与闵子骞有关。

孔子广纳门生，门下弟子三千。但圣人也要生活，所以要成为其弟子也是要交学费的，这个学费就是"束脩"，也就是干肉条。

闵子骞家贫，交不起干肉条，就用曹溪之水为孔子准备了一缸精心酿制的美酒。同窗有人讥笑说："曹溪的水，怎么能和束脩相比呢？"孔子是个关心弟子的好老师，他听闻此事，就在上课时故意说道："闵子骞不远千里来求学，其精神可嘉，虽是曹溪一滴，远胜束脩百条。"

从此，曹溪一滴的故事就流传开来。

原文

伯牛①有疾，子问之，自牖②执其手，曰："亡之③，命矣夫④，斯人也而有斯疾也！斯人也而有斯疾也！"

注释

①伯牛：姓冉，名耕，字伯牛，鲁国人，孔子的学生。孔子认为他的"德行"较好。

②牖：窗户。

③亡之：一作丧夫解，一作死亡解。

④夫：语气词，相当于"吧"。

纪老师说

孔子的学生冉伯牛生的是什么病，这是历史的疑案，看情况应该是传染病。但孔子在伯牛临死之前，还亲自跑来，执手相看泪眼，感叹命运无常。这一份师生之情，也让人感动。

伯牛与颜渊、闵子骞、仲弓同属孔门十哲的德行科哲人。

唐朝开元二十七年（739年）被封"郓侯"，宋追封为"东平公"，后又改称"郓公"。曾任鲁国的中都宰，孔子很器重他。

伯牛在患有恶疾时，不愿见人。孔子于其病危时，特地去探望他，从屋外窗口握住他的手,边叹息边说:"死,是命中注定的啊!可是这样的人怎么会有这样的病,这样的人怎么会害这样的病啊!"

伯牛以德行见称,可惜全无事迹可考,仅知其是染患恶疾而逝。

原文

子曰："贤哉回也，一箪①食，一瓢饮，在陋巷②，人不堪其忧，回也不改其乐③。贤哉回也。"

注释

①箪：古代盛饭用的竹器。
②巷：此处指颜回的住处。
③乐：乐于学。

纪老师说

本章中，孔子又一次称赞颜回，对他作了高度评价。这里讲颜回"不改其乐"，这也就是贫贱不能移的精神。

颜回乐什么呢？乐竹篮子装饭，瓜瓢喝水？还是那贫民窟里面的小巷子？否也。

颜回之乐，应该是乐孔子之乐。孔子说过："吃粗粮，喝冷水，弯过手臂当枕头，也自有快乐在其中。不仁义的富有和尊贵，对于我来说，就像天边飘浮的云一样。"明显告诉我们，他老人家乐的是仁义、道义。

有其师必有其徒，作为孔子的高足，颜回和老师一样，都是以

"义"为乐。这个"义",也就是仁义、道义。所以,孔子也好,颜回也好,都是因为心中有了仁义,有了道义,才能够安于贫困。说到底,也就是安贫乐道,这是一种乐观的生命状态。

古人云:"安于贫困,恬于进取",这也是现代人必须坚守的美德。

亚洲首富李嘉诚,童年过得贫困艰难,父亲因劳累过度不幸染上肺病,为了给父亲治病,一家人过得相当清贫,两顿稀粥,再加上母亲去集贸市场收集的菜叶子便是一天的粮食。父亲逝世后,14岁的李嘉诚被迫离开学校用他稚嫩的肩膀,毅然挑起赡养慈母、抚育弟妹的重担。

李嘉诚说,他学到最价值连城的一课,是逆境和挑战只要能激发起生命的力度,我们的成就是可以超乎自己所想象的。

"贫穷不一定是缺乏金钱,而是对希望及机遇憧憬破灭的挫败感。很多人害怕可上升的空间越来越窄,一辈子也无法冲破匮乏与弱势的局限。我理解这些恐惧,因我曾经一一身受。没有人愿意贫穷,但出路在哪里?"李嘉诚说,"我要拒绝愚昧,要持之以恒地终生追求知识,经常保持好奇心和紧贴时势增长智慧,避免不学无术。在过去70多年,虽然我每天工作12小时,下班后我必定学习。"

的确,贫穷不一定是缺乏金钱,而心灵的贫穷才更加可怕。只要坚持学习,不断丰富自己,就会走出自己的人生之路。

原文

冉求曰："非不说①子之道，力不足也。"子曰："力不足者，中道而废。今女画②。"

注释

①说：同悦。
②画：划定界限，停止前进。

纪老师说

冉求跟颜回正好是一个鲜明对比，人家颜回乐观进取，孔子赞叹；冉求这里不好好学，打退堂鼓，孔子于是批评他。

孔子认为力不从心，中道而废是不可耻的，可耻的是还没去尝试，自己已经给自己画上了一条界线，暗示着自己永远也无法跨过这条界线。在这里，孔子一针见血指出了冉求在耍滑头，在糊弄自己：你有去努力吗？努力了没有结果，谁也不会怪你，但你现在是画地自限！

成功的人都是敢于追梦的人，在世界各地拥有4300家快餐店的温迪国际公司创始人、商务经理戴维·托马斯就是这样一种人。

12岁时，他们家迁到田纳西州的诺克斯维尔，他设法使一位餐馆老板相信他已16岁，老板才雇他做便餐柜台的招待，每小时25美分。

餐馆老板弗兰克和乔治·雷杰斯兄弟是希腊移民，老板极为坚强，并为自己定下了非常高的标准，但从来不要求雇员做他们自己做不到的事。

"不满足现状的人，才能产生拼搏的激情。"弗兰克告诉他，"孩子，只要你愿意努力尝试，你就能为我工作；如果你不努力尝试，也就不能为我工作。"

老板所说的努力尝试，包括从努力工作到礼貌待客等一切内容。当时通常的小费是10美分硬币。但如果他能很快把饭菜送给顾客并服务周到，有时就能得到25美分小费。

戴维记得自己曾尝试一个晚上能接待多少顾客，结果创下了100位的记录。通过第一份工作，他认识到，只要你努力工作并专心致志，就会成功！

原文

子谓子夏曰:"女为君子儒,无为小人儒。"

纪老师说

何谓君子儒,何谓小人儒?

《三国演义》里有一段精彩论述:"儒有君子小人之别。君子之儒,忠君爱国,守正恶邪,务使泽及当时,名留后世。若夫小人之儒,惟务雕虫,专工翰墨,青春作赋,皓首穷经;笔下虽有千言,胸中实无一策。且如扬雄以文章名世,而屈身事莽,不免投阁而死,此所谓小人之儒也;虽日赋万言,亦何取哉!"

子夏以文章见长,在仁和礼上有所不及,所以孔子语重心长地对他说,你要成为君子儒,不要成为小人儒。

读圣贤书,做圣贤事,大丈夫当以救世安民、兼济天下为志。

范仲淹是宋代为数不多的忧国忧民的政治家之一。从27岁步入仕途至64岁溘然长逝,在几十年的政治生涯中,他心系朝廷,忧国忧民,无时或已。

宋仁宗时,他官至参知政事,相当于副宰相。西夏元昊反叛,北宋朝廷起用了范仲淹,迁其为户部郎中兼知延州。范仲淹走马上任延州后的半个月,谢绝宾客,微服私访,暗中走遍了军营,拜访了当地的乡绅，抚恤伤兵，走访将士。在充分的调查研究后，范仲淹采取了一系列的措施，很快扭转了北宋在陕北边防的被动局面。范仲淹治军号令严明，夏人不敢犯，羌人称他为龙图老子，夏人称其为小范老子。

1043年，范仲淹对当时的朝政的弊病极为痛心，提出"十事疏"，主张建立严密的仕官制度，注意农桑，整顿武备，推行法制，减轻徭役。宋仁宗采纳他的建议，陆续推行，史称"庆历新政"。可惜不久因为保守派的反对而不能实现，他也因此被贬至陕西四路宣抚使，后来在赴颍州途中病死，谥号文正。

范仲淹工于诗词散文，所写文章文辞秀美，气度豁达。一篇360余字的《岳阳楼记》震古铄今，"先天下之忧而忧，后天下之乐而乐"的名句传颂至今，这种民胞物与的襟怀，正是他一生人格的写照，也是他一生爱国的写照。

原文

子游为武城①宰。子曰:"女得人焉尔乎②?"曰:"有澹台灭明③者,行不由径④,非公事,未尝至于偃⑤之室也。"

注释

①武城:鲁国的小城邑,在今山东费县境内。
②焉尔乎:此三个字都是语助词。
③澹台灭明:姓澹台,名灭明,字子羽,武城人,孔子弟子。
④径:小路,引申为邪路。
⑤偃:言偃,即子游,这是他的自称。

纪老师说

澹台灭明,字子羽,春秋末年鲁国武城人。在子游做武城邑宰时,孔子来到武城时问子游,这里有没有人才,子游回答说,有个叫澹台灭明的人,品行端正,不走邪路,不是因为公事从来不到我邑署里来。经子游引荐,澹台灭明就学于孔子。

澹台灭明比孔子小三十九岁,长相额低口窄,鼻梁低矮。他的品德才学都好,但其貌不扬,没有颜值担当,孔子以为其才薄,不喜欢。后来,澹台灭明离开了孔子,更加发奋求学,严谨修行。"南游至江,从弟子三百人。"他建立了"利禄取舍"和"官位屈就"的规矩以及一套教学管理制度，影响甚大。他以德行才华著称，名声大振。澹台灭明成为当时儒家在南方的一个有影响的学派。

孔子听到这些消息感慨地说："吾以言取人失之宰予；以貌取人，失之子羽。"

没颜值咱也不用怕啊，咱拼才华呀，像澹台灭明，不也照样成功了嘛。

原文

子曰:"孟之反①不伐②,奔③而殿④,将入门,策其马,曰:'非敢后也,马不进也。'"

注释

①孟之反:名侧,鲁国大夫。

②伐:夸耀。

③奔:败走。

④殿:殿后,在全军最后作掩护。

纪老师说

孟之反,鲁国的大夫,当时统兵的将帅之一,公元前484年,鲁国与齐国打仗。鲁国右翼军败退的时候,其在最后掩护败退的鲁军。

胜败乃兵家常事。而败仗比胜仗要难得多,历史上败仗打得最好的当属诸葛亮了,六出祁山无功而返,但却未失一兵一卒,可见诸葛亮的英明。

此处的孟之反修养很高,不居功,而且把功劳说成是马慢,他的鞭打坐骑,以及"不是我敢殿后,是马不往前头跑呀"的说法,谦态可掬,十分可爱。

对此，孔子给予了高度评价，宣扬他提出的"功不独居，过不推诿"的学说，认为这是人的美德之一。

原文

子曰:"不有祝鲍①之佞,而②有宋朝③之美,难乎免于今之世矣。"

注释

①祝鲍(tuó):字子鱼,卫国大夫,有口才,以能言善辩受到卫灵公重用。

②而:这里是"与"的意思。

③宋朝:宋国的公子朝,《左传》中曾记载他因美丽而惹起祸乱的事情。

纪老师说

这是孔子在发牢骚,在感叹无道之世,唯佞色是尚。

他看到巧言的祝鲍及美男宋朝在这个世道混得左右逢源,如鱼得水,而自己及弟子们却到处碰壁,难容其身,所以感叹:"难乎免于今之世矣。"也就是说:"壮志难酬啊!在今天这个社会上难免要遭灾祸呀!"

孔子周游列国本来是推行自己的政治主张,对于卫国抱有很大希望,但看到卫国的现状后,不由失望至极,正所谓希望越高失望越大。

宋朝，宋国的公子朝，《左传》中有关于他因美丽而惹乱的记载。共记载了两次，一次是昭公二十年中："公子朝通于（灵公嫡母）襄夫人宣姜，惧，而欲以作乱。故齐豹、北宫喜、褚师圃、公子朝作乱。"另一次，是定公十四年中：卫侯为夫人南子召宋朝，会于洮。太子蒯聩献盂于齐，过宋野。野人歌之曰："既定尔娄猪，盍归吾艾豭。"太子羞之……太子奔宋，尽逐其党。

这里的南子，就是"子见南子"中的那个南子，大概南子太漂亮了，把卫灵公迷得连作过乱的人都往回招。

也大概宋朝更漂亮，把南子迷得七荤八素，明知道宋朝是个花花公子，据说还很新潮地和卫灵公不清不楚，自己却还要和他粘糊，我们也是无语了。

宋国的老百姓唱的歌意思是：既然已经满足了你们的母猪，何不归还我们漂亮的种猪。歌中的母猪指的是南子，种猪指的就是宋朝。

南子是卫灵公的夫人，太子的母亲（不知是否生母），太子如何能不羞？结果杀南子不成，事败逃亡。

何止红颜祸水，蓝颜一样是祸水！

孔子的感慨，历久弥新，人们啊，慎之！

原文

　　子曰："谁能出不由户，何莫由斯道也？"

纪老师说

　　孔子言人之在室，出入由门而通，而人都知出室由门，却不知道在世由道。孔子用比喻说明他提倡的仁义、礼治等是人间正道，但人们却不理解，他因此疑惑，故发出"谁能出不由户，何莫由斯道也"的感慨。

　　但问题似乎并不这样简单，譬如一间屋子，可能有正门，有偏门，有窗户。出必由户是对的，至于从哪个门户出去，还是可以有多个选择的，孔子主张走正门，可有人喜欢走偏门，甚至有人习惯跳窗户。选择不同，结果不同。

　　走正门的，出去可能是阳关大道，一路畅通；走偏门的，出去可能面对狭窄小路，曲折难行；跳窗户的，也许一脚下去就会跌入深坑，头破血流。

　　活生生的生活实例告诉我们，旁门左道害死人。

　　2015年年底，61岁的张女士被诊断患上卵巢癌晚期，已无法再进行手术治疗。出于求生的本能，张女士相信了一个所谓的气功大师邵晓华，对方自称不打针，不吃药，最多5个疗程，也就是35天，可以包治好，治疗费30万元。

治疗期间，气功大师邵晓华竟然还请来了所谓的民间高人，一位梁姓女士来做"法事"，驱"鬼邪"。仅这一项，就花去张女士6万多元的所谓"法事费"。

在"法事驱鬼"无效后，邵晓华又要求张女士停吃止疼药，连续辟谷6天，每天不得吃任何东西，只能喝大量的浓姜汤。按照邵晓华的说法，这样做是要"饿死"癌细胞。

然而，自从开始"辟谷"后，张女士病情恶化，日夜剧痛不止，根本无法睡觉。整日呕吐不止，反酸、胃痛、胃胀，体重急降，由100多斤降到80多斤，骨瘦如柴，十分衰弱。甚至出现了心脏间歇性停跳的现象。

邵晓华见状，完全没有了主张，他让张女士恢复服用止疼药和饮食，同时用大剂量的西洋参煮水喝下。经过此劫，张女士开始对邵晓华的"治疗"渐渐产生了怀疑，但是为时已晚。随后，张女士的病情不可逆转地走向恶化，最终于2016年7月19日病故。

原文

子曰:"质①胜文②则野③,文胜质则史④。文质彬彬⑤,然后君子。"

注释

①质:朴实、自然,无修饰的。

②文:文采,经过修饰的。

③野:此处指粗鲁、鄙野,缺乏文彩。

④史:言词华丽,这里有虚伪、浮夸的意思。

⑤彬彬:指文与质的配合很恰当。

纪老师说

这段话言简意赅,确切地说明了文与质的正确关系和君子的人格模式,高度概括了孔子的文质思想。

文是外表,质是内在。对一个人而言,质是质朴的天性,是指内在的品质、道德等;而文则是他的文采、文明等,是指外在的形式特征。

孔子认为,人的这些天性,不论其好坏,如果不经过社会文化的陶冶,不经过文的调节,就会失去善的一面。同时,他还指出,一个人文化水平较高,并且很有文采,甚至超过了质朴,如果因此失去了作为人的本性，那就会变得浮夸，华而不实，言而无信，脱离实际，流于表面，这两种类型的人都不是理想的形象。

只有"文"和"质"兼备，两者平衡，互相和谐，才是最佳形象，才能算是个真正有道德的人，即文质彬彬的君子。

一天，孔子在家闲坐的时候，对他的儿子孔鲤感叹说："君子不可以不学习的，与人会面不可以不修饰，不修饰仪容就会显得不整洁，仪容不整洁就显得对人不尊重，对人不尊重就等于失礼，失礼就不能立于世。"

他接着说："那些站在远处就显得光彩照人的，是修饰得有整洁仪容的人，与人接近而让人心中洞明的，是胸中有学问的人。就像地势低洼的地方，雨水聚集在那里，就会长出水草，从高处看，谁会知道这不是从地下喷涌出来的泉水呢。"

孔鲤听完以后，问道："那么，父亲的意思是说君子一定要善于修饰自己了。可是您不是经常教导我说，君子只要保持本质就可以了，不需要讲究文采吗？"

孔子说："鲤呀，你还没有理解我的意思，文采如同本质一样重要，文质彬彬才能成为一个君子。如果一个人过于质朴，缺少文采的话，他就会显得粗野，流于粗俗，但是也不能太讲究文采，如果一个人太过于追求文采，文采多于质朴的话，他就会流于虚伪、浮夸。花言巧语，伪装和善，这种人是很少有什么仁德的。只有质朴和文采配合恰当，这才是个君子啊。"

 纪连海谈 论语

原文

子曰:"人之生也直,罔①之生也幸而免。"

注释

①罔:诬罔不直的人。

纪老师说 ● ● ●

"直",是儒家的道德规范。意思是耿直、坦率、正直、正派,同虚伪、奸诈是对立的。直人没有那么多坏心眼。直,符合仁的品德。与此相对,不正直的人,巧言令色,唯利是图,为了自己的私欲而无所不为,唯恐天下不乱,以从中获益。这样的人,一般获利多,生活奢华,也许侥幸风光一时,但最终没有好下场。

奸臣严嵩,出生于普通士人之家,25岁中进士,步入官场。为了谋取更大的官职,他极力巴结顶头上司夏言,在夏言的举荐下,严嵩青云直上,升为吏部左侍郎,不久又升为南京礼部尚书,接着又改任南京吏部尚书,爬上了六卿的高位。夏言当上首辅大臣后,把严嵩调入北京,当上了礼部尚书,做了高官。

严嵩并不满足,违心地编造谎言献媚世宗,得到世宗的宠信,加他为太子太保,升为一品官阶,并赏赐了大量钱财,使严嵩达到了升官又

发财的目的。但他忘恩负义，对提携他的夏言恩将仇报，踏着夏言的尸体爬上了首辅宝座；他陷害同僚，必置之死地而后快；他结党营私，贪赃纳贿，富甲天下。他的党羽和子孙更是为虎作伥，横行朝廷，不可一世。严嵩的专权乱政，使明王朝的国力衰弱，边疆防御受到严重破坏，人民惨遭蹂躏，但他却找人当了自己的替罪羊。

嘉靖四十一年，严嵩的恶迹终于败露，明世宗下昭将严嵩罢职，勒令回籍修养，他的子孙以及党羽也都遭戍边疆。严嵩的儿子严世蕃和党羽罗龙文在去戍地的途中逃回原籍，招纳亡命之徒，横行乡里，无恶不作，被朝廷斩首，严嵩被削籍为民，家产被抄，奸党与家人一一治罪。隆庆一年，87岁的严嵩贫病交加，在举国一片唾骂声中死去。

他死的时候，寄食于墓舍，既无棺木下葬，更没有前去吊唁的人，直到万历初年张居政执政，才吩咐分宜县令埋葬了他的尸骨。

原文

子曰:"知之者不如好之者,好之者不如乐之者。"

纪老师说

孔子讲了学习的三层境界:"知——好——乐"。其中"知之"是学习的最低境界,相当于"要我学";"好之"是学习的较高境界,相当于"我要学";"乐之"是学习的最高境界,相当于"我爱学"。孔子给我们揭示了乐之的重要,我们为什么不去做个乐之者呢?

兴趣是最好的老师,在某一方面或者是某一领域有所建树的人,很大一部分都是痴迷所致。

我国青年速算专家史丰收赛过电子计算机。他在小学二年级时就想到了一个"怪"问题:读、看、写都是从左到右,从高位开始的,而运算为什么要从右往左,从低位算起呢?这个问题引起了他对数学的强烈兴趣,从此,他把所有心思都用到思考和计算中。

有一次,老师讲一位数乘多位数乘法,他突然举手提问:"老师,能不能从高位算起,由前向后算?"老师惊讶了:"如果你有兴趣,也可以发明创造哇!"10岁的史丰收展开想象的翅膀,决心走出传统速算的框框。

他扑向数学的海洋,一有空就算呀写呀,演算本用了一本又一本,算式做了千万道，可答案总是不对。一天他突然从打算盘中得到启示，打二乘五时，把五去掉，在前进上进一，他心里一亮，日思夜想的进位难关一下子就攻破了。接着，乘三、乘四直至乘九的进位规律都一一解决了。

有一天，一个当过会计的人说："你创造的一位数速算虽然好，但算账是多位数乘多位数呀！"史丰收听了，心理暗下决心，经过无数个日日夜夜的刻苦钻研，他终于用"外移法"解决了多位数相乘的难题，并一鼓作气，攻克了除法和加法减法的运算堡垒。

史丰收被请到各地表演，人们无不惊叹他的神奇计算。后来，史丰收被破格录取进大学，在有关教授的帮助下，又解决了乘方、开方的速算方式，系统揭示了从高位算起的"进位"和"相加"的规律，总结出一整套速算口诀。13位以内的加减乘除和平方、开方，他能一口气报出答案，比电子计算器运算得还要快。

原文

子曰:"中人以上,可以语上也;中人以下,不可以语上也。"

纪老师说

孔子把人分成三等:上智、中材和下愚。中人指中等材质的人,世间大多数人属于中人水平。孔子依照中人的上进与下堕来决定如何进行指导,这里也流露出孔子"有教无类""因材施教"的教育思想。

出生在上世纪七八十年代的人很少有人不知道《皮皮鲁和鲁西西的故事》,它是童话大王郑渊洁的代表作。其笔下的皮皮鲁、鲁西西、舒克、贝塔和罗克在中国拥有亿万读者,连成年人也被吸引,其童话被誉为"适合全家所有人阅读"。这个实际最高学历仅为小学四年级,虚假学历为小学毕业的作家,对子女的教育非常特别。

郑渊洁有一子一女,儿子在应该上学的年龄,作为父亲的郑渊洁,出人意料地没有让儿子去上学,而是在家给儿子用童话的形式编了一套课本,包括安全,健康等,甚至有很多家长不愿跟孩子说的性知识。儿子从小就走了一条和别的孩子不一样的路,郑渊洁却对自己的教育方法很有信心。

儿子18岁那天,父亲郑渊洁宣布,从今天开始,每月要向家里交纳生活费,因为你已经大了,家长已经尽到抚养的义务,你要用自己的劳动来养活父母,也就是说,以后的生活就要靠自己了!

　　幼稚的孩子并不知道独立对他来说意味着什么,就像鸟一样奔出了家门,开始的新鲜很快过去,接下来的是残酷的生存问题,从小衣来伸手,饭来张口的孩子顿时慌了手脚,但在爸爸面前发的誓不能这么快就反悔,于是,儿子在网吧做了一名网管,父亲也曾偷偷地去看儿子,却没有给他任何的帮助。

　　就这样,在父亲的良苦用心下,儿子成熟了,长大了,不光有了同龄人没有的稳重干练,也有了自己生活的能力。他凭着自己对电脑的天分和努力,在19岁的时候为自己买了一辆奥迪,成了一个开奥迪去上班的打工仔!

　　在教育孩子成才的道路上,郑渊洁强调,家长应尽可能多鼓励孩子、表扬他们、给他们信心。

原文

樊迟问知①，子曰："务②民之义③，敬鬼神而远之，可谓知矣。"问仁，曰："仁者先难而后获，可谓仁矣。"

注释

①知：同"智"。
②务：从事、致力于。
③义：专用力于人道之所宜。

原文

子曰："知者乐水，仁者乐山①；知者动，仁者静；知者乐，仁者寿。"

注释

①"知"：同"智"；乐：喜爱的意思。

这两章,孔子都在谈智和仁的问题。

在"智"的问题上,孔子巧妙地表现了圣人现实而理性的精神。一方面是"务民(人)之义",着眼于人间事;另一方面是"敬鬼神而远之"。

"务民之义"即真正地全心全意为人民服务,是当下每个人能做到的事情,也是能提升生命品质的事情。至于鬼神,无形无相又无边无际,它是人类所无法知道的,对此心存敬畏,并且远离它,不是不信,而是出于恭敬,也不要嘲笑老百姓愚昧、无知,因为你也说不明白,还是敬而远之的好。

至于仁就更简单了,但做起来也不容易,就是对待困难要身先士卒,迎难而上,决不能逃避,甚至绕着走,更不能把困难留给别人。同样对于利益、收获,则要让,先济其他的群众,先人后己,这样做就是仁了。说白了就是:吃苦在前,享乐在后。

智和仁也一样,仁是体,智是用。最佳状态是把这两种特质都发挥到极致。智慧的快乐,像水一样,活泼生动;仁者的快乐,象山一样,沉静庄重;聪明才智会给人带来乐趣,仁慈宽厚会给人带来长久。

仁者是充满慈爱之心,满怀爱意的人;智者是知人善任,尤其善于识别人的人。

这是发生在英国的一个真实的故事。有位老人深陷在沙发里,满目忧郁。是的,如果不是无儿无女,体弱多病,他是绝不会卖掉这栋陪他大半生的住宅而搬到疗养院去的。

不少有钱的聪明人闻讯蜂拥而至,他们都看出了这座房子的价值,竞争之中使房价一路攀升。这时,一个衣着朴素的年轻人来到老人面

前,弯下腰低声说:"先生,我非常想买这栋住宅,可我只有1万英镑。""但它的底价就有8万英镑呢。"老人淡淡地说,"而且现在它已经升值到10万英镑了。"

年轻人一点也不沮丧,诚恳地说:"如果您把住宅卖给我,我保证会让您依旧生活在这里,我们一起喝咖啡、读报、散步。相信我,我会用整颗心来关爱您,让您每天都快快乐乐的。"

老人颔首微笑,良久突然站起来挥手示意众人安静下来说:"朋友们,这栋房子的新主人已经诞生了。"老人拍拍这个年轻人的肩膀,"就是这个年轻人。"

仁爱无价。完成梦想达到目标,不一定非要用冷酷的厮杀和欺诈,却往往是那颗仁爱之心。

成功和胜利的因素肯定还有许多种,但勇气、智慧、仁爱则是最基本也是最重要的因素。

原文

子曰:"齐一变,至于鲁;鲁一变,至于道。"

纪老师说

本章里,孔子提出了"道"的范畴。此处所讲的"道"是治国安邦的最高原则。

俗话说:"穷则变,变则通,"关键是怎么变,往哪变。

这个"变",是往好里变,往"道"上变。

"齐一变,至于鲁",就是齐国一变,就可以变成像鲁国一样。鲁国一变,至于正道,这是什么原因?

因为当时齐鲁两国,乃至诸侯春秋列国,都已经无道了。所谓礼崩乐坏,都需要变,变使它回归到道上来。但是鲁国比齐国要好,鲁国只需要一变就能够至于道,齐国它需要两变,先到鲁,再至道。

明末时期的学者吴莫默说过,"齐固要脱皮换骨,鲁也要涤胃洗肠。"说得很有意思,齐国需要脱皮换骨,才能回归到礼制、回归到道上,这是大转变,因为它去道最远。鲁国比齐要好,不至于要脱皮换骨,但是也要洗洗肠胃。

为什么齐要变两变,而鲁国只要一变呢?

周武王伐纣,夺取天下以后把齐地封给了姜太公,把鲁地封给了周

公。可周公当时在朝廷里面辅弼政治，于是就让周公的儿子伯禽到鲁地去担任这个诸侯。

过了三年，姜太公就回朝复命了。当时周公一看说："你怎么回来得这么快呀？"姜太公说："那还不简单？我就选择贤能之人，我给他一定的激励，我来把制度完善，我来崇尚'义'，这样自然而然地老百姓就都愿意拥护我了。"周公一听说："你这是霸道，很急功近利的，估计你们齐国能够延续五世吧。"后来果然姜氏就被田氏给取代了。

五年之后，就是从分封开始的五年，伯禽回去，回朝复命。周公见到他就说："哎，你怎么回来复命这么迟啊？"伯禽说："我在鲁国推行教化，我让老百姓都懂得去爱自己的父母，让每个父母都爱自己的孩子，然后再让他们用这种精神对待其他人，我倡导仁爱。"周公感慨说："这是王道，难怪你做得这么慢，看起来我们鲁国将来能够延续十世。"

孔子出生在鲁国，鲁国是当时东方诸侯国当中，文化上最发达的，周的文化几乎都保全在鲁国，所以孔子从小就有一种强烈的文化自信。因此他就说，齐如果说往好里变就能变成像鲁国这样，鲁要往好里变就能变成了周道，就是当时周天子他所奉行的道。

原文

　　子曰："觚^①不觚，觚哉！觚哉！"

注释

　　①觚：古代盛酒的器具，上圆下方，有棱，容量约有二升。后来觚被改变了，所以孔子认为觚不像觚。

纪老师说

　　什么叫觚呢？就是古代盛酒的一种器具，用青铜制成，上圆下方，口作喇叭形，容量约有二升，取天圆地方之意。既然是上圆下方，从上到下自然有四条棱角，有棱角做起来大概要麻烦一些，后来就偷工减料去掉了棱角，变成圆筒或圆锥型的酒具了，所以孔子认为觚不像觚了。

　　在秦始皇以前，古代的君主诸侯都自称孤、寡人，是一种谦卑的说法。到秦始皇以后皇帝才称朕，汉朝的诸侯们还是称孤的。孔子说"觚不觚"就是说的现在君不君，臣不臣啊，礼崩乐坏啊，再联想到自己为恢复梦寐以求的周礼，周游列国，却四处碰壁，于是，就借题发挥，发出了"这也算是觚吗？这也算是觚吗？"的感慨。

　　器之不为器，此觚非彼觚！孔子伤时而叹，百感交集。

　　《三言》中的"王安石三难苏学士"，也有这么一则公案：

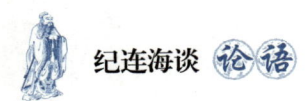

  大家在开玩笑,问到孔子如何呢?王安石就说:"觚不觚?觚哉!觚哉!"他把商贾的"贾"混用在一起,子曰:"沽哉沽哉,我待贾者也。"

  孔子就像在脖子上挂了一个牌子一样,待价而沽,要把自己卖了,但是卖不掉,那个礼崩乐坏的年代,没人懂得他的珍贵。

原文

宰我问曰:"仁者虽告之曰井有仁①焉,其从之也?"子曰:"何为其然也?君子可逝②也,不可陷③也;可欺也,不可罔也。"

注释

①仁:这里指有仁德的人。

②逝:往。这里指到井边去看并设法救之。

③陷:陷入。

纪老师说

看到宰我的问题,就让人想起时下流行的一句话:总有刁民想害朕。

宰我的这个问题比较尖锐,似乎是给孔子挖了一个大坑,因为孔子总在说"仁",现在有"仁"人掉井里去了,跳还是不跳,这是一个两难的问题。因为如果跳下去就是死,如不跳下去就是见死不救。这就有点古代名家"白马非马"的著名诡论了,有意思吧?

其实,宰我提出的正是一个非常现实的问题,一个德性好的人通常因为善良而被人恶意诱入不道德骗局中,弄得进退两难。比如,男子汉们通常是要讲义气的,为朋友可以两肋插刀。少年郎为出风头或吃醋,

抬出义气两个字，请要好的朋友用暴力手段打击对手。此时的"义气"二字，就是明显的"道德陷阱"了，这时候，一个君子可以跃入这口井中去么？答案当然是不能。

孔子的回答，也的确技高一筹：首先回答道，怎么可能会这样呢？接着说一个君子可以接受打击，可以承受侮辱，但他的智慧与道德修养不会接受非道德原则的摆布而陷自身于不义。同时，君子也是"可欺也，不可罔也。"是在无伤大雅的前提下，仁慈地包涵面对面的欺骗，虽然洞若观火而不予揭穿，但不赞成一无所知的糊涂将就。

在《孟子万章》中有"校人欺子产"的故事：

从前有人向郑国执政大孔子产赠送活鱼，子产命校人——管理池沼的小官吏养在池中，校人把鱼煮熟吃了，回来报告说："刚开始那些鱼看起来很疲累的样子，少过一会就懒洋洋的了，很自如地就游走了。"

子产说："得到合适它的地方了啊！得到合适它的地方了啊！"

校人出来就说："谁说子产智慧？我把鱼已经煮熟了吃掉，他还说：'得到合适它的地方了啊！得到合适它的地方了啊！'"

子产是个具有坚强道德信念和老练政治经验的政治家，孔子对他非常敬佩，所以孟子结论说，对这样的君子可以用合理的缘由来欺骗他，但却很难用不道德的方法来迷惑他。

原文

子曰:"君子博学于文,约①之以礼,亦可以弗畔②矣夫③。"

注释

①约:一种释为约束;一种释为简要。

②畔:同"叛"。

③矣夫:语气词,表示较强烈的感叹。

纪老师说

每个人都希望成为君子,然而如何能达到君子的境界呢?

"博学于文,约之以礼",正是教我们如何成就君子之道,就是我们怎么修学。

博学于文,这里的"文"是指孔子用于教学的诗、书、礼、乐等,现今社会,"文"的概念更加宽泛,一切有助于人类发展的知识理论都应称之为"文",简单来说就是要多念书,多从圣贤的经典当中得到学问。

约之以礼,这个"礼"大为法律、规范、标准,小可以理解为礼仪、礼貌、礼节等。

孔子讲,"不学礼,无以立",如果不学好礼,不通人情世故,不

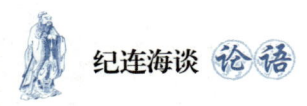

懂得进退应对，我们做人就很失败，所以规矩要去学。

博于文，约之礼，才不会离经叛道而成为祸害社会的人。

现代教育偏重于博学，对礼的要求不高，所以大学生、博士生犯罪的情况很多，"教授"也常被人称为"叫兽"了，这还如何为人师表啊！

曾国藩有句名言："有才无德，则近于小人；有德无才，则近于愚人。"我国传统知识分子把道德和文章的统一当作完美人生的标准，作为现代社会一份子的我们，更要做到博文约礼，以才辅德，德才兼备。

诸葛亮属于"博学于文"的天才，未出茅庐已知天下三分，以神机妙算闻名，他的智慧赛过很多人，却深谙"约之以礼"。三国时期，蜀国境内"刑法虽峻而无怨者"，很重要的一个原因是蜀国名相诸葛亮严于律己，一身清廉使然。刘备临死把那"扶不起来的阿斗"托付给他，让他"能扶则扶不能扶就取而代之"，诸葛亮当即跪拜："臣当鞠躬尽瘁死而后已。"诸葛亮一生"抚百姓，示官职，从权制，开诚心，布公道"，以自己的行动实践了自己的誓言，"鞠躬尽瘁，死而后已"，不对，应该是"死而不已"才对，死诸葛不还吓走了活司马吗？

诸葛亮是博文约礼的典范，他为后来的士人树立了榜样，其名永垂不朽，万古流芳。

原文

子见南子①，子路不说②。孔子矢③之曰："予所否④者，无厌之！天厌之！"

注释

①南子：卫国灵公的夫人，当时实际上左右着卫国政权，有淫乱的行为。

②说：同"悦"。

③矢：同"誓"，此处讲发誓。

④否：不对，不是，指做了不正当的事。

纪老师说

如果说孔子一生有一件不清不楚的事，大概就是这次见南子了吧。

人言可畏啊，孔子去见了一下南子，本来是政治人物间正常的会面，如同小泉纯一郎会见了美国国务卿赖斯，居然闹出绯闻来了，传他们有一腿，这样的谣言实在是太离谱了！

为了迎合一下大家的好奇心，我们就先说说孔子见南子的一些情形，故事来源于《史记·孔子世家》：

南子，就是前面出现的卫灵公的爱妃，绝色美女一枚，把持卫国

的朝政，品行不端，风评不佳。孔子第二次到卫国时，南子派人转告孔子，想在卫国施展抱负必须得到她的帮助，并邀请孔子与她见面。处于孔子的角度，哪怕名声再重要，也不可能一口回绝，除非孔子不想在卫国布道。

于是，孔子去见南子了。

见面时，南子坐在帷幕中。孔子进门后向她行跪拜之礼，南子在葛藤纤维编织而成的薄布幔的氛围中，见到了自己的偶像，连续拜了两拜，身上穿戴的珠珮熙熙哗哗直响。我估计除了动作幅度有点激动之外，心情肯定也激动得不要不要的，可能直发抖。

孔子出来后对弟子表示，自己过去不想见她，但不得已必须会面时，言行举止都依循礼制。不过，子路还是很不高兴。逼得孔子指天发誓说："如果我做什么不正当的事，让上天谴责我吧！让上天谴责我吧！"

后来卫灵公约孔子出游，卫灵公与南子坐一辆车，孔子坐第二辆，宦官雍渠坐第三辆。孔子对此感到耻辱，表示自己不曾见过爱好德行像爱好美色的人，对卫灵公发出强烈的批评。这件事让孔子确定卫灵公将不会重用他，并下决心离开卫国。

其实，这件事如果仅仅结束在孔子会见完南子之后，也没有什么可引人浮想联翩的。偏偏《论语》将子路对孔子见南子的不满和孔子之后的解释记录了下来。既然是不得已而会见，又没有什么越礼的行为，子路为何会不悦？而孔子这样守礼的人又何必着急地辩解呢？真实的情况谁也弄不清楚了，但我们却从中看到了一个生动的孔子，他不再是那个严肃古板、遥不可及的圣人，而是一个与常人一样，也会气急败坏的邻家大叔。一辈子几乎零绯闻的圣人，这次有了让人八卦的把柄，也蛮可爱的。

原文

子曰："中庸①之为德也，其至矣乎！民鲜久矣。"

注释

①中庸：中，谓之无过无不及。庸，平常。

纪老师说

中庸是孔子和儒家的重要思想，尤其作为一种道德观念，这是孔子和儒家尤为提倡的。《论语》中提及"中庸"一词的，仅此一条。

中庸属于道德行为的评价问题，也是一种德行，而且是最高的德行。宋儒说，不偏不倚谓之中，平常谓庸。中庸就是不偏不倚的平常的道理。

中庸不是不能实现，而是很难实现。为什么？因为中庸没有量化的标准，只能靠我们自己来感悟。如果将中庸进行量化处理，那中庸就容易实现了。

无论做事还是做人，太刚则缺，太锐则折。因此，我们做人做事都要做到恰如其分。把握好了做人做事的分寸，在一定程度上讲，也就是把握住了自己的命运。做人做事像时钟一样，并非走得快就好，而在于走得是否准。

颛孙师和卜商君是子僵平时最敬重的人，有时竟分不出哪个更令自己敬佩一些。有一天，子僵向老师孔子求教，他问："颛孙师和卜商君哪个更好些呢？"孔子说："颛孙师做事好过分，卜商君做事常常达不到本来的要求。"子僵说："您这么说，是颛孙师好些了？"孔子说："过分和达不到是一样的。做事恰到好处，才是最好。"

做事情，不是做过了头，就是做得不到位，而且不明白自己究竟错在了哪里，这在我们的生活中并不少见。

其实，这里的全部奥妙就在于"分寸"上。

即便在琐碎的日常生活当中，"分寸"也是无所不在的。比如，炒菜，盐多了谓之咸，盐少了谓之淡；裁衣，尺寸大了谓之肥，尺寸小了谓之瘦；在工作方面，做得太少了谓之懒，做得太多了谓之"狂"；给孩子的爱，少了谓之无情，多了谓之溺爱……

爱因斯坦就是个自我意识极度强烈的人。他有利用科学成果与名望聚财的条件，然而却没有那样做。他说："人世间的每一笔财富都是一个绊脚石。"他被许多国民推荐为总统候选人，也许他真的有当选总统的机会，可是他却婉言拒绝了。他很好地把握住了自己人生的分寸，老老实实地生活在"科学家"的角色之中，最大限度地实现了自身生命的价值。

原文

子贡曰:"如有博施①于民而能济众②,何如?可谓仁乎?"子曰:"何事于仁?必也圣乎!尧舜③其犹病诸④。夫⑤仁者,己欲立而立人,己欲达而达人。能近取譬⑥,可谓仁之方也已。"

注释

①施:动词,施与。

②众:指众人。

③尧舜:传说中上古时代的两位帝王,也是孔子心目中的榜样。儒家认为是"圣人"。

④病诸:病,担忧。诸,"之于"的合音。

⑤夫:句首发语词。

⑥能近取譬:能够就自身打比方。即推己及人的意思。

纪老师说

儒学常常被称为"仁学","仁"一直被看作是儒学的精神内涵。在《论语》中孔子与弟子们讨论"仁"的话题很多,唯独这段话才是对"仁"本质的描述,即"己欲立而立人,己欲达而达人"。

这句话非常清晰地传达了孔子关于"仁"的基本定义,这个定义包

含了一个人在社会中最基本的做人原则和价值观,就是先人后己的利他主义,成就别人,才能成就自己。

曾国藩之所以成功,就是践行了圣人的教诲"己欲立而立人,己欲达而达人"。

湘乡流传一个故事,说一个小偷在房梁上等着曾国藩熄灯睡觉好下来偷东西。可是曾国藩在背一篇文章,怎么也背不下来,小偷都等急了,于是就跳下房梁说,你真笨,我都背下来了。你还背不下来,然后拂袖而去。

而就是这个笨小孩,以如此平庸的资质,又出身在一个普通的小地主家庭,成长于偏远深山之中,最后却能够出将入相成为儒学大家,难道有什么秘诀?

他知人善用,在他的人生中,他不仅成就了自己,也成就了一批落魄士子。

曾国藩的幕府是历史上规模和作用最大的人才库,几乎聚集了当时社会的人才精华。他一生推荐过的下属有千人之多。不仅他自己在历史上取得了卓越的成就,而且他的为官之道和人生哲学也深刻地影响了一批人,而这些人则成为晚清时期的中流砥柱。耳熟能详的做高官的有左宗棠、郭嵩焘、胡林翼、李鸿章,等等。学者则有俞樾、李善兰、华蘅芳、徐寿等。

一个中人之资的人,正因为知人善用,正因为谦恭地招揽人才,天天和那些能人在一起交流学习,他又不断地反省悔过,改过自新,曾国藩自己也逐渐脱离了中人的队伍,而成为一位出色的人。在"江山代有才人出,各领风骚数百年"的时代里,在国家危难,民不聊生的时代里,曾国藩和他物色的人才为我们多灾多难的民族带来了执着的精神和希望的曙光。

"己欲立而立人，己欲达而达人"，先贤的教诲犹然在耳，而曾文正公则身体力行。难怪对汉人心存芥蒂的咸丰皇帝也把曾国藩喻为"勋天柱石"，那块匾现在还挂在曾家。

述而篇

原文

子曰:"述而不作①,信而好古,窃②比于我老彭③。"

注释

①述而不作:述,传述。作,创造。

②窃:私,私自,私下。

③老彭:人名,但究竟指谁,学术界说法不一。有的说是殷商时代一位"好述古事"的"贤大夫";有的说是老子和彭祖两个人,有的说是殷商时代的彭祖。

纪老师说

这是一个典型的学者形象。

之所以述而不作,是因为笃信而喜爱古代文化。

从孔子的实际文化活动来看,删《诗》《书》,定《礼》《乐》,赞《周易》,修《春秋》,的确都是编辑整理古代文化典籍,并没有哪一项是他自己的创作。可是,他的"述"却是非常不简单,用朱熹的话来说,是"集群圣之大成而折衷之。其事虽述,其功则倍于作矣。"

经过他一番选择、制定以后,后人从他修订的著作中,受益良多。所以孔子是一位继往开来的文化传人,是中国文化史上最大的功臣,中国人称他为"大成至圣"。

孔子"述而不作",还有他只口头讲述的意思,他并不以著书立说而留名。不仅孔子如此,圣人都是如此。

释迦牟尼从来没有写过一部著作,他教育弟子都是口耳相传,他不是把经书写在纸上,而是把经书写进学生们的心里。

圣人"述而不作",那是圣人的思想境界,他没有名利,也不想保留著作权,但是若真的没有书籍,他的思想就不能传下来。所以,圣人的弟子都担当了写作的任务,把老师一生的言行记录下来,以启后世,这是所有圣人的弟子都会做的一件工作。

所以释迦牟尼逝世后,其弟子们三次结集,从而汇成了三藏十二部浩瀚的经典,今天的《大藏经》就是这样来的。

《论语》也是这样完成的。

原文

子曰："默而识^①之，学而不厌，诲^②人不倦，何有于我哉^③？"

注释

①识：记住的意思。

②诲：教诲。

③何有于我哉：对我有什么难呢？

纪老师说

孔子既是一个孜孜不倦的学习者，又是一个诲人不倦的教育者。

本章是孔子制定的治学、执教的两条原则。前句应用于自己：求知路上，孜孜以求，永不满足。后句施行于别人：教人诲友，循循善诱，不知疲倦。

学习永不满足，是智；教诲别人不知疲倦，是仁。能够做到智和仁，应该是已经达到"圣"的境界了。

毛泽东曾说："学习的敌人是自己的满足，要认真学习一点东西，必须从不自满开始。对自己，'学而不厌'，对别人，'诲人不倦'，我们应取这种态度。"表面上看这是很容易的，做起来就非常难，能做到这样的微乎其微的，宋代大儒朱熹是其中一位。

作为一位博学多识的大学问家，朱熹有很多方面值得后人学习。

他一生学而不厌，诲人不倦，博览经史，治学严谨，著作宏富。他在训诂、考证、注释古籍，整理文献资料等方面都取得了丰富的成果。另外，他对天文、地理、律历等许多自然科学，也都进行过广泛的研究。

他作为封建社会的一位官员，在努力维护那个制度的同时，也能体察民情，反对横征暴敛与为富不仁，敢于同贪官污吏和地方豪绅的不法行为做斗争。在地方官的任期内，朱熹也做了一些如赈济灾荒、鼓励生产等安定民生的有益工作，在封建社会的官员中，不失为一位正直有为的人。

他一生热心于教育事业，孜孜不倦地授徒讲学，无论在教育思想或教育实践上，都取得了重大的成就。朱熹在世之时，曾经整顿了一些县学、州学，又亲手创办了同安县学、武夷精舍、考亭书院，重建了白鹿洞书院和岳麓书院，并且还亲自制定了学规，编撰了"小学"和"大学"的教材，为封建国家培养了一大批知识分子，其中包括不少著名的学者，形成了自己的学派。

原文

子曰:"德之不修,学之不讲,闻义不能徙①,不善不能改,是吾忧也。"

注释

①徙:迁移。此处指靠近义、做到义。

纪老师说

人生在世,难免有远虑和近忧。此章言孔子所忧。

孔子常以四者为忧,恐有不修、不讲、不徙、不改之事,故云"是吾忧也"。

孔子的忧虑,体现了圣人的社会责任感,应该说也是他用一生践行自己使命的时代基础。

我觉得这"四忧"最重要的就是要能够及时改正自己的"不善",只有这样,修养才可以完善,知识才可以丰富。

知其不善,则速改以从善,才可以更好修行。

沈从文是我国现代著名作家,他出生在湖南省凤凰县的农户家庭。小时候,沈从文特别喜欢看木偶戏,常常因为看戏入迷而耽误了读书。

一天上午,沈从文从课堂里溜出来,一个人跑到村子里去看戏,那天木偶戏演的是"孙悟空过火焰山"。沈从文看得眉飞色舞，捧腹大笑。一直看到太阳落山，他才恋恋不舍地回到学校。这时，同学都已放学回家了。

第二天，沈从文刚进校门，老师就严厉地责问他为什么旷课。他羞红着脸，支支吾吾地答不上来。老师气得罚他跪在树下，并大声训斥道："你看，这楠木树天天往上长，而你却偏偏不思上进，甘愿做一个没出息的矮子。"第二天，老师又把他叫去，对他说："大家都在用功读书，你却偷偷溜去看戏。昨天我虽然羞辱了你，可这也是为了你好。一个人只有尊重自己，才能得到别人的尊重。"老师的一番话，使沈从文感动得流下了眼泪。他暗暗发誓，一定要记住这次教训，做一个受人尊重的人。

此后，沈从文一直严格要求自己，长大后成了著名的作家。

原文

子之燕居①，申申②如也；夭夭③如也。

注释

①燕居：安居、家居、闲居。
②申申：衣冠整洁。
③夭夭：行动迟缓、斯文和舒和的样子。

纪老师说

孔子平时居家的生活形态，悠然、平和、自然、放松，整个一温润君子。

"匹夫而为百世师，一言而为天下法。"由一个儒家学派的创始人，进而成为万世师表的圣人，在国人的心目中神话般代代流传，给人一种高山仰止，景行行止的印象。其实，生活中的孔子也和普通人一样，有自己的喜怒哀乐，率性自然，仪态温和，悠然自乐。

孟子说："大人者，不失其赤子之心者也。"所谓赤子之心，大概就是孔子这种天真纯洁之心吧！如果没有赤子之心，率性自然，又如何能做到"申申如也，夭夭如也"！

文武之道，一张一弛。快工作、慢生活。乾隆晚年想退位时，大臣们劝谏"国不可一日无君",他应道"君不可一日无茶"。国家放得下,茶放不下。文人讲究琴棋书画诗酒茶,老百姓关注柴米油盐酱醋茶,无论精英与草根,都把茶当成第一健康饮料,讲究的人喝盖碗茶,老百姓喝大碗茶,雅俗共赏,殊途同归。

纪连海谈 论语

原文

子曰："甚矣吾衰也！久矣吾不复梦见周公①。"

注释

①周公：姓姬名旦，周文王的儿子，周武王的弟弟，成王的叔父，鲁国国君的始祖，传说是西周典章制度的制定者，他是孔子所崇拜的所谓"圣人"之一。

纪老师说

比孔子梦周公更有名的是庄周梦蝶，有一天庄子做了一个梦，梦见自己变成了蝴蝶，那情景是如此逼真，以至于醒来后庄子一直弄不清自己到底是庄子还是那只蝴蝶。庄子在《齐物论》里思考的主要问题包括：我们到底是谁？万物的死生夭寿、世间的是非得失从本质上讲有区别吗？这是一个事关万物平等的终极命题，加上庄子在《逍遥游》里试图向我们描述的那种彻底自由状态，共同构成了庄子哲学的两大基石。

一只蝴蝶让庄子的哲学境界得到了无限的提升，孔子的梦境却是如此靠近现实。

孔子梦周公，也许是实有其事，但这个不重要。重要的这个梦周公，揭示了孔子的一个理想之"梦"——能和周公一样，重新再辅佐

"明王"，再次实现"礼乐"之邦。

但眼看着自己一天天衰老，而恢复周代礼乐制度却遥遥无期，这难免让孔子感到力不从心、壮志难酬。

俗话说：福无双至，祸不单行，说的就是那时候的孔子。

68岁时，孔子结束了颠沛流离的列国周游回到鲁国，他的"参政"生涯至此结束，继续从事教育及整理文献的工作；

69岁时，其子孔鲤卒——"老年丧子"，是人生"三不幸"之一；

70岁，视同知己的弟子颜回卒，孔子十分悲伤；

71岁那年春天，西狩获麟，孔子说："吾道穷矣"；

72岁，卫国发生政变，子路遇害……

一次次的死别，一次次的打击，终于让这个从没低过头，从没怀疑过自己的努力，从没动摇过自己信仰的老人，在强大的现实面前，不得不服输了——"甚矣，吾衰也！"

原文

子曰："志于道，据于德①，依于仁，游于艺②。"

注释

①德：德者，得也。能把道贯彻到自己心中而不失掉就叫德。

②艺：艺指孔子教授学生的礼、乐、射、御、书、数六艺，都是日常所用。

纪老师说

本章所举四端，"道德仁艺"，是孔门教学之条目，也是我们处世为人，行走于世的人生信条。

"立于道，据于德"包括了精神思想，"依于仁，游于艺"则是生活处世的准绳，只有具备这些，才叫学问和修行。

我们每一个人，最重要的是，立志于道，慎执操守，仁厚为人，心无旁骛，游于各种技艺之中，练就一身本领，齐家治国平天下。

邓稼先，是中国核武器事业的奠基人和开拓者，在原子弹理论模型研究中鞠躬尽瘁，被誉为"两弹元勋"。

抱着学更多的本领以建设新中国之志，邓稼先于1947年通过了赴美研究生考试，于翌年秋进入美国印第安那州的普渡大学研究生院。由于他学习成绩突出，不足两年便读满学分，并通过博士论文答辩。此时他只有26岁，人称"娃娃博士"。这位取得学位刚9天的"娃娃博士"毅然放下了在美国优越的生活和工作条件，回到了一穷二白的祖国。

同年10月，邓稼先来到中国科学院近代物理研究所任研究员。在北京外事部门的招待会上，有人问他带了什么回来。他说："带了几双眼下中国还不能生产的尼龙袜子送给父亲，还带了一脑袋关于原子核的知识。"此后的八年间，他进行了中国原子核理论的研究。

邓稼先不仅在秘密科研院所里费尽心血，还经常到飞沙走石的戈壁试验场。他冒着酷暑严寒，在试验场度过了整整8年的单身汉生活，有15次在现场领导核试验，从而掌握了大量的第一手材料。

1964年10月，中国成功爆炸的第一颗原子弹，就是由他最后签字确定了设计方案。他还率领研究人员在试验后迅速进入爆炸现场采样，以证实效果。

他又同于敏等人投入对氢弹的研究。按照"邓、于方案"，最后终于制成了氢弹，并于原子弹爆炸后的两年零八个月试验成功。这同法国用8年、美国用7年、苏联用10年的时间相比，创造了世界上最快的速度。

长期艰苦工作损害了邓稼先的身体。1986年，他患癌症病逝。一直到报上发布了他去世的消息，全国人民才知道邓稼先这个名字。他不图个人的名和利，舍弃了个人的幸福，几十年默默无闻地为国家大业奋斗，却从不后悔。临终前，他欣慰地说："我能够瞑目了。"

原文

子曰:"自行束脩①以上,吾未尝无诲焉。"

注释

①束脩:脩,干肉,又叫脯。束脩就是十条干肉。孔子要求他的学生,初次见面时要拿十余干肉作为学费。后来,就把学生送给老师的学费叫作"束脩"。

原文

子曰:"不愤①不启,不悱②不发。举一隅③不以三隅反,则不复也。"

注释

①愤:苦思冥想而仍然领会不了的样子。
②悱:想说又不能明确说出来的样子。
③隅:角落。

纪老师说

这两章,孔子谈他的教育思想。他坚持"有教无类"和"启发式"教学的思想,要求学生能够"举一反三",在学生充分进行独立思考的基础上，再对他们进行启发、开导，这是符合教学基本规律的，而且具有深远的影响，在今天教学过程中仍可以加以借鉴。

曾经有一位北大学生对成功充满着渴望和憧憬，可他在生活中却屡屡碰壁，鲜有所获。沮丧的他便给时任北大校长的蔡元培先生写了一封信，希望能够得到指点。蔡元培在百忙中回了信，并约了一个时间让那位学生到办公室面谈。

学生激动地来到校长的办公室。没等他开口，蔡元培先生就笑着招呼道："来，快坐下，我给你泡杯茶。"说完便起身，从抽屉中拿出茶叶，放进杯子里，倒上开水，递到学生面前的桌子上。"这可是极品的绿茶哟，是朋友特地从南京给我带过来的，你也尝尝。"蔡元培先生和蔼地说道。

受宠若惊的学生端起茶杯喝了一口。几片茶叶稀疏地漂浮在水面上，水也是惨白惨白的，没有一点绿色，喝到口中也像白开水似的，没有一点茶的味道。学生的眉头不禁一皱。

蔡元培好像并没有注意到学生的表情，依旧东拉西扯地谈一些漫无边际的话题，似乎完全忘记了学生来的目的。学生极不自然地听了很久，好不容易等到蔡元培稍稍停顿一下，忙找了个理由告辞。

蔡元培眯着眼若有所思地微笑道："急什么，把茶喝了再走，这可是一杯极品的绿茶。千万别浪费了。"

学生无奈地又端起了茶杯，礼节性地喝了一口。可就在这时，一股清香浓郁的味道沁入心脾！学生愣住了，诧异地打量着茶杯：茶叶已经沉入杯底，杯中的水已是一片碧绿，像翡翠般灿烂夺目。不仅如此，整个办公室里可以闻到一股清新的香气！

蔡元培似笑非笑地望着他，满含深意地问道："你明白了吗？"

学生恍然大悟，惊喜地喊道："我明白了，您的意思是说，想追求

成功就要像这绿茶一样,不能只停留在表面;凡事都要静下心来,认认真真,踏踏实实地沉浸下去。"

生活就像一杯绿茶,只有静下心来沉浸进去的人,才能领略到成功和幸福的甘醇!

原文

子食于有丧者之侧，未尝饱也。

原文

子于是日哭，则不歌。

纪老师说

丧者哀戚，孔子在他旁不能饱食；一日之内，哭人之丧，余哀未息，故不再唱歌，此所谓恻隐之心。

《礼记》规定，国君之丧，"子大夫公子众士皆三日不食"，即使是大夫死了，他的妻妾们也只能蔬食水饮，避免举火；来参加丧礼者自然也应该尽量节制。对孔子而言不吃太饱既是恻隐之心，更是"约之以礼"。

每个人在日常生活中自然流露恻隐之心，本是普通的。但是常人仅限于一刻氛围，别人的痛苦过眼即忘。而孔子却是真心体谅对方的悲伤。

孔子认为求仁之道不必好高骛远，以自身为喻，推及他人，这是人人都可以做到的。

想想那些前一刻还在口口声声说心疼你掉眼泪，下一刻却在灯红酒绿中乐不思蜀的人，真心觉得孔子的悲伤弥足珍贵。

原文

　　子谓颜渊曰："用之则行，舍之则藏①，惟我与尔有是夫②！"子路曰："子行三军③，则谁与④？"子曰："暴虎⑤冯河⑥，死而无悔者，吾不与也。必也临事而惧⑦。好谋而成者也。"

注释

①舍之则藏：舍，舍弃，不用。藏，隐藏。

②夫：语气词，相当于"吧"。

③三军：是当时大国所有的军队，每军约一万二千五百人。

④与：在一起的意思。

⑤暴虎：赤手空拳与老虎进行搏斗。

⑥冯河：无船而徒步过河。

⑦临事而惧：惧是谨慎、警惕的意思。遇到事情便格外小心谨慎。

纪老师说

　　孔子、颜渊、子路师徒三人，颜渊尚文，子路尚武，一文一武两个弟子和老师同居一室，可以设想，孔子坐，弟子立，让我们来想象一下当时的对话场景吧。

　　颜回可能还在回味老师刚才讲过的道理，一边沉思一边点头，时而露出会心的微笑。老师看着这位外表木讷，实则最是积极向善、专心求学的颜回，喜爱之情油然而生，不由说道："颜渊啊，如果被任用，就施展抱负；如果不被任用，就藏身民间，只有你和我能做到这样啊。"颜回听了老师的夸奖，低头思索。

子路听到老师给了颜渊如此高的赞扬，自己被冷落，心里有点小不平。孔子话音刚一落下，他便抢先问话："老师，如果您率领三军打仗，那么，谁做您的助手呢？"言下之意，文化咱不如颜渊，军事可是我的长项啊，上战场当然离不开我啦。子路这急急忙忙地抢问，看着还是那个鲁莽、好胜的子路，孔子皱皱眉，心想：子路啊子路，你怎么就不长点记性呢！于是，收拾了下心情，一本正经地严肃答道："徒手与虎搏斗，徒步涉水过大河，虽死而不后悔的人，我是不跟他共事的。我所共事的，一定是遇事情谨慎小心，善于谋划而取得成功的人。"

说完，瞪他一眼，径自走开了。再看子路，抓抓后脑勺，一脸的不好意思。

从孔子教育子路的话里，我们看到他的原则和态度。一是遇事谨慎小心，绝不自大马虎。二是事前认真谋划，考虑细致周到，追求完美无缺，不留过失遗憾。三是不喜欢有勇无谋之莽夫，丝毫不珍惜生命。对子路这位爱徒，也正因爱之深，责之切，孔子才时不时地"响鼓重锤敲"。这也算是孔子"因材施教"之典型案例吧。

纪连海谈 论语

原文

子曰:"富①而可求②也;虽执鞭之士③,吾亦为之。如不可求,从吾所好。"

注释

①富:指升官发财。

②求:指合于道,可以去求。

③执鞭之士:古代为天子、诸侯和官员出入时手执皮鞭开路的人。意思指地位低下的职事。

纪老师说

从古至今,人人追求幸福,毫无例外。财富居"五福"第二位,求福,自然要"求富",天下谁人不"求富"?"富"自然应该追求,值得追求,这是连妇孺也懂的道理,孔子是圣人,怎么会不懂呢?在孔子的理念里,富与贵,是人之所欲也。他并不反对追求财富的欲望,只要不违背"义"的道德规范,追求财富就是合理的经济行为。

反过来说,如果孔子的本意,真是说"财富不值得追求"的话,就凭这一条,孔子也不可能成为世世代代都尊奉的圣人。

孔子之言,重在求富有道。也就是说,如果富贵合乎于道而可以求得，即便是给人执鞭一类的差事，也愿意去做；但如若求而不得，还是做自己喜好的事吧。

有所为，有所不为。在财富面前最考验人的德行和品性，应特别关注身边的人在财富面前的表现，或许不经意的流露，就能展现其真实的内心人格。

战国初年，乐羊子一家住在洛阳附近的一个小村庄里，过着清贫的生活。

"唉，什么时候日子才能过得好一点呢？到时候妻子就不用受那么多的苦了。"乐羊子一想妻子从嫁给自己以来，就没有过过一天的好日子，心里感到很内疚。

农闲时，乐羊子决定进城挣点钱，好贴补家用。这个主意也得到妻子的赞同，她高兴地对丈夫说：

"这个想法不错，你放心去吧，家里有我呢！"

于是乐羊子告别了妻子，背着行囊，朝洛阳城赶去。刚走到半路，乐羊子发现前面有一个闪闪发光的东西，捡起来一看，嘿，是个金元宝。"哈哈，这下不愁吃穿了，我还去做什么工呀！快回去让妻子也高兴高兴吧！"

乐羊子忙转身向家里跑去。当妻子知道事情的经过时，却并不高兴，她耐心地对丈夫说：

"谁都想过富足的生活，可是应该靠自己的劳动去争取。靠运气捡别人的财物有什么值得高兴的呢？这不但不是长久之计，还败坏自己的品德呀！"

妻子这一番话说得乐羊子心服口服，他立即返回原路，将金元宝放回原处，然后径直向洛阳城走去。

后来,乐羊子经过努力,做了魏文侯的将军。

这个故事说明人不能贪小便宜,否则会酿成大祸,故事中的乐羊子,差点因贪财败坏了自己的品德。

原文

子之所慎：齐①、战、疾。

注释

①齐：同斋，斋戒。古人在祭祀前要沐浴更衣，不吃荤，不饮酒，不与妻妾同寝，整洁身心，表示虔诚之心，这叫作斋戒。

纪老师说

孔子一生，始终关注并慎重对待的事情，莫过于天地、国家和个人。

"国之大事，在祀与戎。"作为追求治国为己任的孔子，斋戒、战阵之事，理所当然就成为他所慎者也。

孔子不是无神论者，亦不是怀疑论者，而是天道观的坚持者。孔子对于神灵的态度，既不是对神灵的否定也不是对神灵的肯定，而是对于天道的敬畏。孔子在斋祭方面的行为和态度是敬畏。

战，当然是国家的大事，不仅涉及参战者的生死，而且涉及国家的存亡，是不可不慎的事情。

孔子还关心"人"。"仁者爱人"，这是他本心的自然流露。对个体人而言，疾病是最能摧毁人的意志和肉体的事情。因此，孔子对待疾

病也十分慎重。前面的文字里,我们已经感受到了。他的弟子"冉伯牛有疾",他亲自探望并"自牖执其手",而断定伯牛命不久矣。

敬礼天地,慎理国事,善待自身,孔子所为,实乃仁者情怀啊。

原文

子在齐闻《韶》①，三月不知肉味，曰："不图为乐之至于斯也。"

注释

①《韶》：舜时古乐曲名。

纪老师说

鲁昭公二十五年（公元前517年），鲁国季氏与郈氏两大贵族集团内讧，后来竟演变成一场政变，鲁昭公被迫出逃齐国，孔子随后也跑到齐国寻求发展，"为高昭子家臣，欲以通乎景公。"孔子当时三十六岁，他在齐国待了近三年，"子在齐闻《韶》"就是发生在这一时间段的事情。

《韶》相传是虞舜时期的舞乐，内容是歌颂上古帝王让位于贤（尧禅让舜，舜又禅让禹）的盛德，所以孔子说《韶》"尽美矣，又尽善矣"。鲁襄公二十九年（公元前544年），吴公子季札出使鲁国，观摩了《韶箾》舞，盛赞道："德至矣哉，大矣！如天之无不帱也，如地之无不载也。虽甚盛德，其蔑以加于此矣，观止矣。"

显然，《韶》在表现形式上应该由舞和乐两部分组成，可能在传承

过程中两者逐渐分离，所以季札在鲁国观摩的《韶箾》只是舞蹈部分，因为《左传》在记载这一历史事件时用词非常严谨，季札观乐时为"使工为之歌……"，而观舞时则为"见舞……"。由此可以进一步推断，《韶》在流传过程中，鲁国只保存了舞的部分，而齐国则保存了乐的部分，所以孔子到齐国第一次听到了《韶》乐，竟然会食不甘、寝不安。

春秋时期，鲁国是公认的保存古代典章制度最完备的国家，为什么独有《韶》乐保存在齐国呢？其中自有机缘巧合。

周初分封时，虞舜的后裔被分封于陈。后来陈国公子完因在国内争权失利，跑到齐国避难，把《韶》乐也带到了齐国，这样齐国才得以独传《韶》乐。

因为孔子对音乐具有深刻、独到的理解能力，所以当他听到《韶》乐时居然废寝忘食，反复琢磨，从音乐到乐理，再到上古圣人至善至美的盛德，从而沉浸其中，不能自拔，故"三月不知肉味"。

《史记》在记叙此事时加了"学之"二字，言明孔子是闻而学之，心身完全沉浸其中，以至于三月不知肉味。

原文

冉有曰："孔子为①卫君②乎？"子贡曰："诺③，吾将问之。"入，曰："伯夷、叔齐何人也？"曰："古之贤人也。"曰："怨乎？"曰："求仁而得仁，又何怨。"出，曰："孔子不为也。"

注释

①为：这里是帮助的意思。

②卫君：卫出公辄，是卫灵公的孙子。公元前492—前481年在位。他的父亲因谋杀南子而被卫灵公驱逐出国。灵公死后，辄被立为国君，其父回国与他争位。

③诺：答应的说法。

纪老师说

这一段有一个很有深意的典故在里面。孔子周游列国来到卫国，卫国国君卫灵公娶了南子，南子当时掌握着卫国的朝政，卫灵公的嫡长子蒯聩欲谋杀南子，被卫灵公驱逐出卫国。卫灵公去世了，蒯聩的儿子出公辄继承了王位。蒯聩就想回到卫国来，做卫国的国君。但是出公辄不允许，不想让父亲回来。冉有问的就是这件事情。

冉有想知道老师对这个事情是什么态度。"为"当"以为然"讲，

冉有问子贡："老师对卫灵公的孙子继位的事以为然吗？赞成吗？"冉有不直接问老师而问子贡，可见子贡与老师更亲近。子贡就说："好，我去问一问。"

子贡到孔子那里去，就问："伯夷、叔齐何人也？"伯夷、叔齐是什么样的人啊？因为按古礼君子到了别的国家不能非议那一国的大夫，何况是国君，故子贡没有直问，而引伯夷、叔齐为问。

孔子答："伯夷、叔齐是古代的贤人啊。"

子贡又问："他们有没有所怨恨啊？"

孔子说："伯夷、叔齐两个都是求仁德，而得到仁，又有什么值得怨的呢？"

子贡于是心领神会。师徒两个在打哑谜，明明是问的卫国国君出公辄的事情，他们都没说正题，而说些题外话。

出来以后，子贡对冉有说："老师并不赞成出公辄啊。"

理解这段话的关键是伯夷、叔齐让国的故事，前面讲过。

伯夷、叔齐都是让国的贤人，而出公辄连自己的父亲都不让，说明孔子既然赞成伯夷叔齐，那对出公辄应该是极不赞成的。

子贡听懂老师的意思了，就把这个话给回答了。

这段话表现了子贡的机智，亦表现了孔子的正直。

原文

子曰："饭疏食①饮水，曲肱②而枕之，乐亦在其中矣。不义而富且贵，于我如浮云。"

注释

①饭疏食：饭，这里是"吃"的意思，作动词。疏食即粗粮。

②曲肱：肱，音gōng，胳膊，由肩至肘的部位。曲肱，即弯着胳膊。

纪老师说

孔子极力提倡"安贫乐道"，认为有理想、有志向的君子，不会总是为自己的吃穿住而奔波的，同时，他还提出，不符合于道的富贵荣华，他是坚决不予接受的，对待这些东西，如天上的浮云一般。这种思想深深影响了古代的知识分子，也为一般老百姓所接受。

其实，如果我们将"不义而富且贵"当作"浮云"来看待，而且真正明白了"浮云"的性质，我们就有可能不去获得不义的富贵，这才是孔子思想的意义所在。

正因为有了这样的认识，所以孔子才能够做到吃粗茶淡饭而乐在其中，闲居而"申申如也，夭夭如也"。具有旷达乐现的个人生活情怀。

东晋著名画家戴逵也是个生活清苦而"不改其乐"的人。

东晋的戴逵从小聪慧过人,对绘画和雕塑很有造诣。

有一次,会稽灵宝寺请戴逵刻一尊一丈六尺高的无量寿佛佛像。佛像刻成了,围观者都称妙,可戴逵左看右看,总是不满意。怕别人不好意思提意见,戴逵就躲到屏风之后,听取参观者的评论、意见,然后进行修改,这样反复多次,三年后才完成。由于戴逵在佛像中融入了中国人的形像,晋朝的佛像艺术自此别开生面。

戴逵淡泊名利,一生隐居不愿出来为官,而他哥哥则想着建立领兵拒敌的功业。太傅谢安对他哥哥说:"你们兄弟俩人的志向和事业为什么相差那么远呢?"他哥哥说:"因为我忍受不了那份清苦,而家弟也改变不了他的乐趣。"

"不改其乐"指处于困苦的境况仍然很快乐。

原文

子曰:"加①我数年,五十以学易②,可以无大过矣。"

注释

①加:这里通"假"字,给予的意思。
②易:指《周易》,古代占卜用的一部书。

纪老师说

《易》,就是《周易》。千百年来,有种说法,说它是一部占卜的书。即使到了今天,街面路边,摆摊算命的仍然在打《周易》之名,行敛财之实,把好端端的经典糟蹋得不像样子。

《史记》讲"文王拘而演《周易》",文王推演八卦,无非是在思考如何强国灭商的战略,总结经验,提升高度,指导行为。因此,《周易》成为一部哲学书,一部富有高深智慧,永恒不衰的古老哲学书。书中即使有占卜的记载,占卜的方式,都是其外表形式而已,其真正的价值是哲学思想。

《史记·孔子世家》云:

"孔子晚而喜《易》,序《彖》《系》《象》《说卦》《文言》,读《易》,韦编三绝,曰:'假我数年,若是,我于《易》则彬

彬矣'。"

大家知道,春秋时的书,主要是以竹子为材料制造的,把竹子破成一根根竹签,称为竹"简",用火烘干后在上面写字。竹简有一定的长度和宽度,一根竹简只能写一行字,多则几十个,少则八九个。一部书要用许多竹简,这些竹简必须用结实的熟牛皮绳子编连起来才能阅读。像《易》这样的书,当然是由许许多多竹简编连起来的,因此有相当的重量。

孔子花了很大的精力,把《易》全部读了一遍,基本上了解了它的内容。不久又读第二遍,掌握了它的基本要点。接着,他又读第三遍,对其中的精神、实质有了透彻的理解。在这以后,为了深入研究这部书,又为了给弟子讲解,他不知翻阅了多少遍。这样读来读去,把串竹简的牛皮绳子也给磨断了几次,不得不多次换上新的再使用。即使读到了这样的地步,孔子还谦虚地说:"假如让我多活几年,我就可以完全掌握《易》的文与质了。"

后来,人们创造了"韦编三绝"这个成语,来形容学习刻苦勤奋。

原文

子所雅言①，《诗》《书》、执礼，皆雅言也。

注释

①雅言：周王朝的京畿之地在今陕西地区，以陕西语音为标准音的周王朝的官话，在当时被称作"雅言"。孔子平时谈话时用鲁国的方言，但在诵读《诗》《书》和赞礼时，则以当时陕西语音为准。

纪老师说

泱泱华夏，天广地阔，往往一水之隔就有语言的不同，但天子会见诸侯，孔子周游列国，貌似毫无语言障碍，为什么呢？因为有"雅言"——通用语，相当于现在我们所说的普通话、台湾地区所说的国语。

过去未来，人类生生不息而自古皆有死亡，可祖先经验教训，史册人物故事，文章典籍，却能代代相传，为什么？因为有"文言"——书面语，口语易变而多样，但书面语却保持着相对稳定性。

今天，我们交通比古代更方便，如果语言不通，会有多少不便？孔子如果不精通"雅言"，如何周游列国、传道救世？因此，孔子教诗书用"雅言"，执掌礼仪之事更是用"雅言"；我们学好普通话，在正

规场合、课堂之上，用正规的普通话，是为了使我们的话更容易被人理解。

所以，推广普通话，是每一个公民的责任和义务。

原文

叶公①问孔子于子路，子路不对。子曰："女奚不曰，其为人也，发愤忘食，乐以忘忧，不知老之将至云尔②。"

注释

①叶公：叶。叶公姓沈名诸梁，楚国的大夫，封地在叶城（今河南叶县南），所以叫叶公。

②云尔：云，代词，如此的意思。尔同耳，而已，罢了。

原文

子曰："我非生而知之者，好古，敏以求之者也。"

纪老师说

孔子按智力和知识的不同把人分为四等："生而知之者，上也；学而知之者，次也；困而学之，又其次也；困而不学，民斯为下矣。"生而知之者是智力最上等的人，具有非凡的天赋，也就是我们所说的天才人物。

孔子不以天才人物自居，而认为自己是属于"学而知之"的中等之材，所以要"敏以求之""发愤忘食""乐以忘忧"，专心于学习，在学习中找到快乐，通过勤奋努力的学习来求得知识。

纪连海谈 论语

发愤好学是每一位学者必备的优良品质。

国学大师黄侃治学严谨，师承章太炎、刘师培，薪火相传，培养出范文澜、金毓黻、杨伯峻、龙榆生、陆宗达、殷孟伦、程千帆、潘重规、徐复等著名学者，在20世纪学术史上影响深远。

1915年，著名学者黄侃在北大主讲国学。他住在北京白庙胡同大同公寓，终日潜心研究"国学"，有时吃饭也不出门，准备了馒头和辣椒、酱油等佐料，摆在书桌上，饿了便啃馒头，边吃边看书，吃吃停停，看到妙处就大叫："妙极了！"

有一次，看书入迷，竟把馒头伸进了砚台、朱砂盒，啃了多时，涂成花脸，也未觉察，一位朋友来访，捧腹大笑，他还不知笑他什么。

原文

子不语怪、力、乱、神。

纪老师说

《说苑·辨物》中的有一段记载孔子回答学生子贡的问话：

子贡问老师："人死之后有知还是无知？"

孔子回答："我若说死者有知，恐怕孝子贤孙会过分厚葬死者而妨碍生者的生活；若我说死者无知，又恐怕不肖子孙丢弃遗体不予安葬，败坏了道德。所以，我既不能说有知也不能说无知。"

孔子之所以"不说"，是因为他考虑得周全，他不仅要照顾到有与无、真与假，还要照顾到好与坏、情与理，他不仅要做出事实判断，还要做出价值判断，所以他不肯满足于一般性的事实陈述，还要考虑事实陈述之后可能引发的各种各样的后果。

作为圣人，孔子当然不能说谎——即便是善意的谎言，也会有流弊。可是，若说出了全部的真相而使人们丧失了敬畏之心，那也是很可怕的。所以，权衡再三，孔子选择了用"不说"来阐述蕴藏的玄机，从而过渡到"沉默"中蛰伏，搁置鬼神问题的讨论。

孔子无疑是个有智慧的人，孔子的"不说"是一种高境界。他一方面让人不要迷信鬼神，把最主要的精力用在"事人"上；另一方面也让人们保持必要的敬畏之心，不要狂妄自大、为所欲为。

原文

子曰:"三人行,必有我师焉。择其善者而从之,其不善者而改之。"

纪老师说

这句话,受到后人赞赏。虚心向别人学习的精神十分可贵,但更可贵的是,不仅要以善者为师,而且以不善者为师,把他人的短处作为自己的镜子,善于从他人的不善之处,反躬自省,从而改掉自己的缺点,这是非常难能可贵的。

择善而从,是提升自己的最佳途径。

展子虔是北周末隋初杰出画家,他是现在唯一有画迹可考的隋代著名画家,在中国绘画史上占据着重要位置。

由于画技精湛,名望地位都很高,他画人物、鞍马,均能传神,尤其擅长于画北方奇伟壮丽的山水,能在不大的画面上描绘出视野开阔的自然景物,给人以咫尺千里之感,颇得人们的赞美。因此,他听到的都是赞美和恭维的话。时间一长,展子虔就飘然自得,认为自己是世界上最好的画家,也不把别的画家放在眼里。

同时代一个名叫董伯仁的画家,在画坛的地位也不算低,可是展子虔瞧不起他。其实董伯仁除了能画和展子虔差不多的人物、鞍马之外,尤其擅长画江南山水，在他笔下的亭台楼宇精细有致；山水树木秀丽柔美，形神兼备，别具一格。他听说展子虔狂妄自大，瞧不起人，很不以为然地说："展子虔不过画些北方的秃山恶水，没有什么新奇之处，我还从来没有看到他画过一幅江南的美景呢！"

董伯仁的话，很快就传到展子虔的耳朵里。乍一听来，展子虔十分生气，继而一想，觉得也不无道理。于是取出董伯仁的画，仔细端详起来，并和自己的画放在一起，进行比较，渐渐发现自己的画的确是雄健有余而潇洒滋润不足。展子虔这才心平气和，主动去见董伯仁，表示要向他学习，董伯仁深受感动，也表示要向展子虔学习。

从此，见贤思齐的两位画家，都择善而从，把对方的优势作为自己学习的榜样，经常往来，一起切磋画艺，互相取长补短，最后成了挚友，两人的绘画技巧都有了新的提高。

纪连海谈 论语

原文

子曰:"天生德于予,桓魋①其如予何?"

注释

①桓魋:魋,任宋国主管军事行政的官——司马,是宋桓公的后代。

纪老师说

《史记·孔子世家》载:与弟子习礼大树下。宋司马桓魋欲杀孔子,拔其树。孔子去。弟子曰:"可以速矣。"孔子曰:"天生德于予,桓魋其如予何!"

这是发生在公元前492年,孔子从卫国去陈国时经过宋国。桓魋听说以后,带兵要去害孔子。当时孔子正与弟子们在大树下演习周礼的仪式,桓魋砍倒大树,而且要杀孔子,孔子在学生保护下,连忙离开了宋国,在逃跑途中,他说了这句话。他认为,自己是有仁德的人,而且是上天把仁德赋予了他,所以桓魋对他是无可奈何的。

这句话中激荡着生命的凛然,我们仿佛可以看到孔子那坚毅的目光和那岿然自信的身影。

原文

子曰："二三子①以我为隐乎？吾无隐乎尔。吾无行而不与二三子者，是丘也。"

注释

①二三子：这里指孔子的学生们。

纪老师说

本章记载孔子坦诚的教学态度，不仅是知识无隐藏，行动也不隐匿，浩然坦荡。

孔子的学问广博辽阔，也许有人不得其要领，所以怀疑老师有所隐瞒。其实，师傅领进门，修行在个人。

苏东坡的大弟子，北宋"苏门四学士"之首的黄庭坚，是一位学佛之人，尤其对禅宗特别爱好，在江西随晦堂和尚学禅多年，但总是没什么感觉，一次他实在是忍不住了，便对晦堂和尚说："学生亲近您有些日子了，也参学了不少时日，您是不是传点真东西给我？"

他想请晦堂和尚传授他一点不二的法门，然而晦堂和尚却问他："你读过《论语》吗？"黄庭坚身为大学士怎么可能没读过呢，于是他有些不高兴地答道："当然读过！"

这时晦堂禅师便引用了《论语》中孔子这句话："二三子,以我为隐乎?吾无隐乎尔。"说完便拂袖而去,黄庭坚却是丈二和尚摸不着头脑,还以为老和尚在搪塞他。

后来有一天黄庭坚跟在晦堂和尚后面在山中漫步,此时正是秋天,是山中木樨(xī)花盛开的季节,漫山遍野都弥漫着淡淡的木樨花的香气,让人闻之欲醉,师徒二人就这么走了一阵以后,晦堂和尚突然回过头来问黄庭坚:"闻木樨香否?"

黄庭坚答道:"闻。"

这时,晦堂就瞪着眼睛对他说:"二三子,以我为隐乎?吾无隐乎尔!"就在那一刻,黄庭坚大彻大悟。

原文

子以四教：文①、行②、忠③、信④。

注释

①文：文献、古籍等。

②行：指德行，也指社会实践方面的内容。

③忠：尽己之谓忠，对人尽心竭力的意思。

④信：以实之谓信。诚实的意思。

纪老师说

本章主要讲孔子教学的内容，即孔门四教：文、行、忠、信。

文，指历史文献教育；行，指道德践履和政治实践；忠、信，是道德实践者具体的道德人格修养。

说到老师和学生，我们很容易想到常见的"班级授课制"，一所房子，一块黑板，黑板前面站着一位手拿粉笔的老师，下面坐着一排排学生。按照这样的思路，孔门的授课内容包括礼乐射御书数，一堂课讲授一项内容。

但是"班级授课制"从夸美纽斯算起也只有几百年的历史，在中国还只有一百多年的历史。

孔子的授课方式主要是跟学生聊天,三两个核心弟子陪着,坐下来聊,或边走边聊。相比课堂上预先设定的虚假场景,聊天创设的是一个完全真实的"现场",真正的学习更容易在"现场"发生。

也可以办讲座,曲阜孔庙大成殿前边就有"杏坛",说是孔子讲学的地方,孔子坐在上面讲,学生们坐在下边听。

宋以后"书院"兴起,当年那些古圣先贤们或一人、或两三人在台上坐而论道,下面一群莘莘学子们用心听讲或者"观讲"。

孔子注重历代古籍、文献资料的学习,更重视社会实践活动,所以,从《论语》中,我们可以看到孔子带领他的学生周游列国,一方面向各国统治者进行游说;一方面让学生在实践中增长知识和才干。但书本知识和实践活动仍不够,更重要的是养成忠、信的德行,即对待别人的忠心和与人交际的信实。

原文

子曰："圣人吾不得而见之矣！得见君子者，斯①可矣。"子曰："善人吾不得而见之矣！得见有恒②者，斯可矣。亡而为有，虚而为盈，约③而为泰④，难乎有恒矣。"

注释

①斯：就。
②恒：指恒心。
③约：穷困。
④泰：这里是奢侈的意思。

纪老师说

本章所述，是孔子对道德修养提升之难的慨叹。

圣人是德才完备的人，君子是立志成为圣人的人，善人是有道德的人，有恒者是立志成为善人的人。在孔子看来，成为德才完备的圣人不容易，能做一个以成圣为志孜孜以求的君子就很值得赞赏；成为有道德的善人也不容易，能做一个坚持一定操守的有恒者也十分难得。

对于春秋末期社会"礼崩乐坏"的状况，孔子似乎感到一种绝望，

因为他认为在那样的社会背景下,难以找到他观念中的"圣人""善人",而那些"虚而为盈,约而为泰"的人却比比皆是,在这样的情况下,能看到"君子""有恒者",也就心满意足了。

原文

子钓而不纲①，弋②不射宿③。

注释

①纲：大绳。这里作动词用。在水面上拉一根大绳，在大绳上系许多鱼钩来钓鱼，叫纲。

②弋：用带绳子的箭来射鸟。

③宿：指归巢歇宿的鸟儿。

纪老师说

其实，只用有一个鱼钩的钓竿钓鱼和用网捕鱼、只用箭射飞行中的鸟与射巢中之鸟从本质上讲并无区别，孔子用这种方法，表明自己的生态观。

前人多说这是孔子的仁者之心，其实不然。若讲孔子有仁者之心，持竿垂钓亦当禁绝，何需"钓而不纲"？五十步笑百步，伤一命是伤，伤多命亦是伤，何来仁者之心？本章应该谈的是孔子的生态观。

孔子用自己的方式在告诉人类，使用技术要慎重。要有选择，要考虑后果。不要贪婪过度，不要竭泽而渔，不要只图自己享受，要给自己的后代，留下生存的机会。

唐代诗人李商隐看到一些达官贵人，为饱口福之欲，大肆吞吃竹笋，便写下了这样一首诗："嫩箨香苞初出林，於陵论价重如金。皇都陆海应无数，忍剪凌云一寸心。"竹笋在当时的长安城是非常值钱的鲜味，吃腻了山珍海味的达官贵人们，每到春天都想尝尝鲜，于是，鲜嫩的竹笋成了桌上餐。可是吃下肚的是竹笋，毁掉的却是一片竹林。对于这样近乎残忍的行为，采竹笋的人并不深思其中利害，故而诗人发出了这样无可奈何的叹息。这种叹息是一个人良心的自我发现，更是爱护环境情感的自然流露。

原文

子曰:"盖有不知而作之者,我无是也。多闻,择其善者而从之,多见而识之,知之次也。"

纪老师说

这一段实际上是孔子对自己学风和做学问态度的概括性介绍,包括了在其他地方谈到的"述而不作""敏而好学"和"我非生而知之者,好古,敏以求之者也"等好几方面的内容。

同时,孔子之所以这样自我介绍,也是针对当时存在的"不知而作"现象有感而发的。孔子的意思是说:那些自己不懂却能够凭空创作的人大概是天才吧,我可没有这样的天赋才能,我的一切都是靠学习而得来的,所以,我的写作也好,我的教书也好,都是言之有据的,不敢乱来。

"不知而作"的人却恰恰相反:自己不懂而又"硬撑",处处冒充内行。这种人做事,小则贻笑大方,大则害己害人。

有个北方人,到南方去做官,刚到南方,肯定有许多事情弄不明白,如果虚心请教别人,也许并不难懂。可这位先生却不想去问别人,他觉得那样显得自己太无知,岂不是太没面子了。他宁肯不懂装懂,结果惹出许多笑话来。

　　有一次,地方上一个乡绅请他去做客,大家聊得很开心,这时,仆人送上一盘菱角。

　　这位先生没吃过菱角,又不好意思问,主人家又一再请他先尝,无奈,他只好拿起一只菱角,放到嘴里去嚼。主人看他连壳也没有剥就吃了,心里很诧异,问他:"这菱角是要剥了皮才好吃的,你怎么整个丢到嘴里去嚼呢?"他明知自己弄错了,却一本正经地说:"刚刚到南方来,有些水土不服,连壳都吃掉了,为的就是清热解火。"主人摇摇头,说:"我们怎么没听说过呢?你们那儿这东西很多吗?"那人答道:"多得很呐!山前山后到处都有的长呢。"

　　自古只知道菱角生在水里,谁人见过陆地上长的菱角?这个不懂装懂的北方人,只能被贻笑万年了。

原文

互乡①难与言，童子见，门人惑。子曰："与②其进也，不与其退③也，唯何甚？人洁己④以进，与其洁也，不保其往⑤也。"

注释

①互乡：地名，具体所在已无可考。

②与：赞许。

③进、退：一说进步、退步；一说进见请教，退出以后的作为。

④洁己：洁身自好，努力修养，成为有德之人。

⑤不保其往：保，一说担保，一说保守。往，一说过去，一说将来。

纪老师说

互乡人难以与之交流，而孔子却接见了互乡的一个童子，面对弟子的疑惑，孔子给出了答案。孔子的回答，让人们了解他作为师者的德行与智慧：即便一个有劣迹和坏名声的人，只要有心向学，也要抓住机会悉心教导，而不能揪住既往的缺点不放，这体现了孔子有教无类的思想和诲人不倦的德行，也让我们知道如何做好教育。

在美国东部有一所非常著名的学府，它的名字几乎为全世界的知识

分子所知晓,它的入学需要平均九十分以上的成绩,它一节课的学费,相当于普通家庭整月的开销,它的学生常穿着印有校名的T恤在街上招摇……

但是,这个学校有严重的困扰,因为它紧邻一个治安极坏的贫民区,学校的玻璃经常被顽童打破,学生的车子总是失窃,学生在晚上被抢已不是新闻,女学生甚至遭到强暴。

"我们这么伟大的学校,怎能有那么糟糕的邻居。"董事会议愤怒地一致通过:"把那些糟糕的邻居赶走!"方法很简单:以学校雄厚的财力把贫民区的土地和房屋全部买下,改为校园。

于是校园变大了。但是问题不但没有解决,反而变得更严重,因为那些贫民虽然搬走,却只是向外移,隔着青青的草地,学校又与新贫民区相接。加上扩大的校园难于管理,治安是更糟了。

董事会失去了主意,请来当地的警官共谋对策。

"当我们与邻居相处不来时,最好的方法不是把邻人赶走,更不是将自己封闭,反而应该试着去了解、沟通,进而影响、教育他们。"警官说。

董事们相顾半晌,哑然失笑,他们发现身为世界最著名学府的董事,竟然忘记了教育的功能。

他们设立了平民补习班,送研究生去贫民区调查探访,捐赠教育器材给邻近的中小学,并辅导就业,更开辟部分校园为运动场,供青少年们使用。

没有几年,这所学校的环境治安,已经大大地改善,而那邻近的贫民区,更眼看着步入小康了。

原文

子曰:"仁远乎哉?我欲仁,斯仁至矣。"

纪老师说

孔子提出,仁德自具圆满,不假外求,否认德由天授,这在人类思想发展史上具有很重要的意义。

他认为为仁全靠自身努力,靠道德的自觉,不能依靠外界的力量,强调了进行道德修养的主观能动性,从而激励人们行仁得仁,追求道德完善。

成为仁者不易,行仁却不难,只要有心行仁,立刻就可以做到。

战国时,梁国与楚国交界,两国在边境上各设界亭,亭卒们也都在各自的地界里种了西瓜。梁亭的亭卒勤劳,锄草浇水,瓜秧长势极好,而楚亭的亭卒懒惰,因此瓜秧又瘦又弱,与对面瓜田的长势简直不能相比。楚人死要面子,在一个无月之夜,偷跑过去把梁亭的瓜秧全给扯断了。

梁亭的亭卒第二天发现后,气愤难平,报告县令宋就,说我们也过去把他们的瓜秧扯断好了。宋就听了以后,对梁亭的士兵们说:"楚亭的士兵们这样做当然是很卑鄙的,我们明知道他们这样做不对,还要跟着学,那就太狭隘了。你们听我的话,从今天起,每天晚上我们帮他们

为瓜秧浇水，让他们的瓜秧长得好，而且，你们这样做，一定不可以让他们知道。

梁亭的士兵们听了宋就的话后觉得有道理，于是就照办了。

后来，楚亭的士兵们发现每天早上自己的瓜地都被人浇过了，而且是梁亭的人在黑夜里悄悄为他们浇的。楚国的边县县令听到亭卒们的报告后，感到非常惭愧又非常敬佩，于是把这事报告给了楚王。

楚王听后，也感于梁国人修睦边邻的诚心，特备重礼送于梁王，既以示自责，也以示酬谢，结果这一对敌国成了友邻。

原文

陈司败①问:"昭公②知礼乎?"孔子曰:"知礼。"孔子退,揖③巫马期④而进之曰:"吾闻君子不党⑤,君子亦党乎?君取⑥于吴,为同姓⑦,谓之吴孟子⑧。君而知礼,孰不知礼?"巫马期以告。子曰:"丘也幸,苟有过,人必知之。"

注释

①陈司败:陈国主管司法的官,姓名不详,也有人说是齐国大夫,姓陈名司败。

②昭公:鲁国的君主,名裯,公元前541—前510年在位。"昭"是谥号。

③揖:作揖,行拱手礼。

④巫马期:姓巫马名施,字子期,孔子的学生,比孔子小30岁。

⑤党:偏袒、包庇的意思。

⑥取:同娶。

⑦为同姓:鲁国和吴国的国君同姓姬。周礼规定:同姓不婚,昭公娶同姓女,是违礼的行为。

⑧吴孟子:鲁昭公夫人。春秋时代,国君夫人的称号,一般是她出生的国名加上她的姓,但因她姓姬,故称为吴孟子,而不称吴姬。

纪连海谈 论语

> 纪老师说

　　从这段话中,我们很容易看出孔子"闻过则喜"的美德。圣人偶尔也会犯错,但是当别人指出错误时,圣人不会像凡夫一样极力掩盖,而是心情愉悦地接受监督,改正错误。

　　那么,孔子为什么要替鲁昭公掩盖过错呢?

　　这就不得不说一说孔子与鲁昭公之间的关系了。

　　孔子"年十五而有志于学",等到了十九岁,孔子就得到了国君鲁昭公的礼遇。这一年,孔子喜得贵子,鲁昭公送鲤鱼祝贺,孔子就此给儿子起名孔鲤,字伯鱼。

　　随后,鲁昭公又接受南宫敬叔的请求,资助孔子"适周问礼"。借着这次公费游学的机会,孔子拜访了在周朝担任图书馆馆长的老子,两位圣贤见面,彼此惺惺相惜。

　　孔子自周返鲁,弟子越来越多,名气也越来越大。因此,追根溯源,在孔子的成长道路上,鲁昭公算是一个"恩人"。

　　陈国司寇问鲁昭公是否知礼,首先,孔子本身就是鲁国人,他出于爱国观念,不宜在外国官员面前公然批评本国领导人,因此才以"知礼"搪塞,这算是一种"为尊者讳";其次,君子要知恩报恩,出于感恩心理,孔子"为恩者讳",也不宜公然批评鲁昭公"无礼"。

　　愚以为,在这种情况下,用"无可奉告"四个字来回答似乎最妙,可惜,估计当时还没这个说法。

原文

子与人歌而善,必使反之,而后和之。

原文

子曰:"文,莫①吾犹人也。躬行君子,则吾未之有得。"

注释

①莫:约摸、大概、差不多。

原文

子曰:"若圣与仁,则吾岂敢?抑①为之②不厌,诲人不倦,则可谓云尔③已矣。"公西华曰:"正唯弟子不能学也。"

注释

①抑:折的语气词,"只不过是"的意思。
②为之:指圣与仁。
③云尔:这样说。

纪连海谈 论语

纪老师说 ●●●

　　这都是孔子知行境界的记述，表现了他精益求精的修养标准和谦虚美德。

　　一方面是谦虚，同时也是发自内心的自我评价，因为在他看来，理想人格的修养永无有止境。另一方面，知行合一，是孔子积极倡导、身体力行的美德，但他也深知，完全做到并不容易，需要下笃定的功夫。

　　孔子所教是圣贤之道，目的在于培养人的道德情操，理想的人格是圣人、仁人、君子，终极的目标是止于至善，也就是成圣、成仁、成君子。孔子立志于此，所以一生勤学不辍，并孜孜不倦地教导人们朝着这个方向努力。

　　因为，学无止境。

　　这是美国东部一所规模很大的大学毕业考试的最后一天。在一座教学楼前的阶梯上，有一群机械系大四学生挤在一起，正在讨论几分钟后就要开始的考试。他们的脸上显示出很有信心，这是最后一场考试，接着就是毕业典礼和找工作了。

　　有几个人说他们已经找到工作了。其他的人则在讨论他们想得到的工作。怀着对四年大学教育的肯定，他们觉得心理上早有准备，能征服外面的世界。

　　他们知道即将进行的考试只是轻易的事情。教授说他们可带需要的教科书、参考书和笔记，只是考试时他们不能彼此交头接耳。

　　他们喜气洋洋地鱼贯走进教室。教授把考卷发下去，学生都眉开眼笑，因为学生们注意到只有五个论述题。

　　三个小时过去了，教授开始收集考卷。学生似乎不再有信心，他们脸上有可怕的表情。没有一个说话，教授手里拿着考卷，面对全班学生。教授端详着面前学生们担忧的脸,问道:"有几个人把五个问题全答完了?"

没有人举手。

"有几个答完了四个?"

仍旧没有人举手。

"三个?两个?"

学生在座位上不安起来。

"那么一个呢?一定有人做完了一个吧?"

全班学生仍保持沉默。

教授放下手中的考卷说:"这正是我预期的。我只是要加深你们的印象,即使你们已完成四年工程教育,但仍旧有许多有关工程的问题你们不知道。这些你们不能回答的问题,在日常操作中是非常普遍的。"

接着教授带着微笑说下去:"这个科目你们都会及格,但要记住,虽然你们是大学毕业生,你们的学习才刚开始。"

原文

子疾病①，子路请祷②。子曰："有诸③？"子路对曰："有之。《诔》④曰：'祷尔于上下神祇⑤。'"子曰："丘之祷久矣。"

注释

①疾病：疾指有病，病指病情严重。
②请祷：向鬼神请求和祷告，即祈祷。
③有诸：诸，"之于"的合音。这里的意思是有这样的事吗？
④《诔》：祈祷文。
⑤神祇：祇，古代称天神为神，地神为祇。

纪老师说

祷，是向鬼神祷告，用予祈福或祛病灾的一种仪式。古代人的力量有限，产生迷信观念，碰到自己无法解决的问题，往往就向鬼神祷告。

有一次，孔子病得特别厉害，求医也没有明显的效果。弟子们束手无策，子路出于对老师的关爱和急切之情，便为孔子行了祷告这样一个仪式。

孔子虽然不赞成这样做，但子路毕竟是一番好意，所以孔子也没有直接拒绝，只是说："有这回事吗？"确实有神灵的话，"我已经祷告很久了。"

意思是说：如果向天地鬼神祈祷有用的话，我已经无数次向鬼神祈祷让天下百姓平安康泰了！

这几句话阐述了孔子对于神灵的怀疑，其实求神灵不如求自己。

有一天，宋孝宗到西湖天竺寺礼佛，僧人净辉陪同。宋孝宗看见观世音菩萨像的手拿着念珠在数（拨动念珠念经），就问："菩萨已经成佛了，她还需要念经吗？"净辉答曰："当然要念，菩萨时时都在念。"孝宗又问："那菩萨念的是什么经？"净辉答曰："念的是'南无大慈大悲观世音菩萨'。"孝宗笑着说："哪有自己念自己的道理？"净辉对曰："求人不如求己。"孝宗从中领悟到赵宋要强大，不被金国欺辱，就要自己发奋图强，才能走出困境。

原文

子曰:"奢则不孙①,俭则固②。与其不孙也,宁固。"

注释

①孙:同逊,恭顺。不孙,即不顺,这里的意思是"越礼"。
②固:简陋、鄙陋。这里是寒酸的意思。

纪老师说

孔子重礼,认为这是调节和理顺人与人之间关系的必不可少的手段,但在践行过程中,又极易产生过于奢侈和不及的寒酸问题。当时的社会权贵们豪华奢侈、铺张浪费、财大气粗、气势逼人,孔子权衡二者危害取其轻,异常明确的表态——与其奢侈,宁可寒伧。

俭以养德,古训昭然若明。俭,是一个人一个国家成功的途径。

晏婴,齐国人,著名政治家。他继承了父亲的职位做了齐卿,后来升为齐国的宰相,连任齐灵、庄、景三朝正卿,执政达五十多年。

晏婴是著名的贤臣,以节俭力行、谦恭下士、机智善辩而著称。他对自己的要求很严格,为了治理好国家,他带头勤俭节约,自己和家人生活都很简朴。他食不重肉,妾不衣锦,一件狐皮大衣穿了三十年,当时的朝廷官员以及许多正直的政治家都很崇敬他,老百姓也很爱戴他。

后人把他的言行集成《晏子春秋》，宣扬他勤俭节约的美德。

司马迁曾经说过："假令晏子而在，余虽为之执鞭，所忻慕焉。"司马迁对晏子如此忻慕，甚至甘愿为他做"执鞭"的奴仆，可以想见晏子的为人。

原文

子曰:"君子坦荡荡①,小人长戚戚②。"

注释

①坦荡荡:心胸宽广、开阔、容忍。
②长戚戚:经常忧愁、烦恼的样子。

纪老师说

"君子坦荡荡,小人长戚戚"是自古以来人们所熟知的一句名言。许多人常常将此写成条幅,悬于室中,以激励自己。

君子光明磊落,不忧不惧,所以心胸宽广坦荡;小人患得患失,忙于算计,又每每庸人自扰,疑心他人算计自己,所以经常陷于忧惧之中,心绪不宁。

君子心胸开阔,能容人,知进退,做错事说错话能立即改正,善莫大焉。齐家治国平天下,需要的是君子。

一次,宋国遇到了水灾,鲁国派使者前往慰问,宋国国君回应说:"寡人不仁,因为斋戒不够诚实,徭役扰乱了百姓的生活,所以上天降下此灾,又给贵国国君增加了忧虑,以致劳烦先生前来。"

孔子知道后说:"看来,宋国大概会很有希望。"

学生们问为什么，孔子说："当初桀、纣有过错却不承认，很快就灭亡了。商汤、周文王知道承认自己的过错，很快就兴盛起来了。过而能改，君子之道，善莫大焉。"宋国后来果然成为国富民强的国家。

原文

子温而厉,威而不猛,恭而安。

纪老师说

此章是孔子的学生对孔子的赞扬:温和庄重,安静祥和。

"厉""猛"等都有些"过",而"不及"同样是不可取的。孔子的这些情感与实际表现,可以说正是符合中庸原则的,孔子与弟子一起,表现得更是智慧圆融。

孔子有一个弟子叫子夏。有一天,他问老师,有关他的一些同学们的修养情况。

他问道:"老师,颜回同学为人怎么样?"

孔子沉吟了一下答道:"颜回的仁爱之心比我要好。"

"那子贡呢?"子夏接着问。

"他呀!他的辩才比我好。"孔子笑着说。

"那子路,子路同学呢?"子夏又接着问。

孔子开心地笑着说:"要说勇武精神,我们都不如他。"

"那子张呢?子张难道也有过老师之处?"子夏满脸狐疑。

孔子顿了顿,说:"子张同学,为人处世,庄重严谨的作风,比我这个做老师的要强。"

子夏听到这里，禁不住站了起来。他曲躬作揖地问道："老师，这我就不明白了。既然那四位同学，都有超过老师的地方，那么为什么，他们还要向老师您学习呢？"

孔子见子夏这样，忙举手向下按了按，并和蔼地对子夏说："子夏！你别着急，先坐下，听我慢慢说。颜回虽然很仁慈，但有时过分的仁慈，导致的不忍之心，使他变得一味地迁就他人，影响了自己对事态做出正确的决断，反而害了别人。所以说，他虽能仁，却不能忍。"

孔子接着对子夏说："至于子贡，他的口才的确很好，可谓辩才无碍。他精通语言的妙用，却不识语言的局限，不懂得沉默的力量。所以，他能辩不能讷。"

"关于子路，"孔子继续说，"他英勇过人，敢作敢为，是个不可多得的将才。但有时不懂得谦虚退让，持弱守雌，蓄势而动。这样难免会意气误事。所以说，他能勇，不能怯。"

"而子张呢，"孔子说到这里顿了顿，然后说："他过于庄重严谨，以致清不容物。不能和煦接众，不能容纳有污行的人，让人见之生畏，敬而远之。所以，他能庄，不能谐。"

"因此，"孔子最后总结道，"如果将这四位同学的长处都加起来，来对换我的修养，我也是不愿意的。这也是为什么，他们要一心跟从我学习的原因。"

泰伯篇

原文

子曰:"泰伯①,其可谓至德也已矣。三以天下让②。民无得③而称焉。"

注释

①泰伯:又作太伯。周朝的祖先古公亶父的长子。古公有三个儿子:太伯、仲雍、季历。季历的儿子为姬昌。传说古公预见到姬昌有圣德,就想打破长子继承王位的惯例,把君位通过季历传给姬昌。泰伯为实现父亲的意愿,他与仲雍一起出走到荆蛮之地(今江苏一带),自号为勾吴,立为吴泰伯,成为后来吴国的始祖。周太王死后,季历继承王位,后来传给姬昌,便是周文王。

②三:泛指多次。

③无得:同"无能",无法的意思。

纪老师说

"弃天下如敝屣,薄帝王将相而不为。"能够做到这一点的,在历史上并没有几个。相反,比比皆是的倒是争权夺位,自从公天下变成家天下以后,哪一朝哪一代不是宫斗连连,生灵涂炭?父子相杀,母子相残、夫妻反目、兄弟争抢的戏码,代代上演啊,因此,泰伯真是品德高尚之人。

他三让天下，被传为美谈。

周太王有三个儿子，老大泰伯，他还有两个弟弟仲雍和季历，据史书记载，季历有个儿子姬昌，长相伟岸，颇为圣德，且有君王的气度。周太王非常喜欢这个孙子，一心想把皇位传给这个孙子。但无奈氏族的族规是把皇位传给嫡长子，周太王因而郁郁寡欢。

泰伯是个十分孝顺的人，他看到自己的父亲终日因为皇位无法传给季历而忧心忡忡。因为当时氏族的规定是皇位必须传给嫡长子，按排名怎么也轮不到排名第三的季历。泰伯知道自己和二弟出走才是最好的结果，他趁周太王病重以采药为借口逃走。他跋山涉水来到了吴山，就是今天我们所说的宝鸡。这是他第一次让天下。

后来周太王死了，他留下遗言要把皇位传给泰伯，因为氏族的规矩不能破。泰伯知道父亲死亡的信息，连忙赶回来奔丧。季历一定要把皇位还给泰伯，泰伯还是推辞不受。几次拒绝无效后，泰伯只得和仲雍举家搬迁到今天的江苏无锡，这是泰伯第二次让天下。

后来季历被商王杀害，姬昌遵循家族的规矩让泰伯回来继位，泰伯第三次推掉皇位。周王室经过季历到姬昌的传承，成就了近八百年的周氏皇朝，这与泰伯的高风亮节分不开。

由于泰伯带来的先进的技术，吴山很快成为富庶的地方，并逐渐成为一个小国叫勾吴。勾吴在春秋末期还成为最强盛的国家。当地人想称泰伯为王的时候，而他只让别人称他为伯。这是他又一次让天下。

原文

子曰:"恭而无礼①则劳,慎而无礼则葸②,勇而无礼则乱,直而无礼则绞③。君子笃于亲④,则民兴于仁;故旧不遗⑤,则民不偷⑥。"

注释

①礼:适中,恰当,也指礼度。

②葸:胆怯,害怕。

③绞:指言语尖刻、刺人。

④君子笃于亲:君子能用深厚的感情对待亲族。笃,忠厚。

⑤故旧不遗:君子不遗弃他的老同事,老朋友。

⑥偷:薄,这里指感情淡薄。

纪老师说

恭、慎、勇、直无疑是四种好品质,但是如果"无礼",就会变得劳、葸、乱、绞,算不上美行了;如果没有礼来"约束",不知礼,原本好的德行也只能见到它的不好之处了。可见知礼、约礼的必要性。

北京有一家外资企业招工,对学历、外语、身高、相貌的要求都很高,但薪酬挺高,所以有很多高素质人才都来应聘。这一些年轻人,过五关斩六将,到了最后一关:总经理面试。这些年轻人想,这很简单,只不过是走走过场罢了,准十拿九稳了。

没想到,这一面试出问题了。一见面,总经理说:"很抱歉,年轻人,我有点急事,要出去10分钟,你们能不能等我?"年轻人说:"没问题,您去吧,我们等您。"老板走了,年轻人一个个踌躇满志,得意非凡,闲不着,围着老板的大写字台看,只见上面文件一摞,信一摞,资料一摞。年轻人你看这一摞,我看这一摞,看完了还交换:哎哟,这个好看。

10分钟后,总经理回来了,说:"面试已经结束。""没有啊?我们还在等您啊。"老板说:"我不在的这一段时间,你们的表现就是面试。很遗憾,你们没有一个人被录取。因为,本公司从来不录取那些乱翻别人东西的人。"

哎呀,这些年轻人一听啊,捶胸顿足。他们为什么这么感慨万千呢?他们说:"我们长这么大,就从来没听说过不能乱翻别人的东西。"

因为过于随便,不懂礼貌,失去了一个好工作,这说明人的行为必须以礼约束。

原文

曾子有疾①，召门弟子曰："启②予足！启予手！《诗》云③：'战战兢兢，如临深渊，如履薄冰。'而今而后，吾知免夫！小子④！"

注释

①曾子：姓曾，名参，字子舆。孔子的学生，小孔子46岁。疾：病。

②启：此指掀开被子。

③《诗》：三句诗引自《诗经·小雅·小旻》，意思是做人要小心谨慎才能避免灾祸。

④小子：对弟子的称呼。

纪老师说

这节谈的意思比较简单，也就是《孝经》里的"身体发肤，受之父母，不敢毁伤。"《礼记》也有"父母全而生之，子全而归之，可谓孝矣。不亏其体，不辱其身，可谓全矣。""全体贵生"谓之孝。

曾子是个大孝子，他的故事流传很多。

《韩诗外传》《说苑》《孔子家语》均有记载：一次，曾子在瓜地里除草，将瓜苗的根斩断了，其父曾皙就拿起拐杖揍他。曾子被打得扑倒在地上，好长时间才苏醒过来，说："您老人家还在生我气吗？"鲁国的人认为曾子的做法是孝子，就把这件事告诉给孔子。

孔子听后对门人说："曾参如果来了，不要让他进来！"

曾参认为自己没有错，就请人转告孔子。

孔子却说了一番道理："曾参，你没有听说过舜的事吗？舜的父亲用小竹鞭子轻轻打他，他就忍受着。如果用大拐杖打他，他就逃跑。经常叫他做什么，他随时都在；如果要加害于他，就找不着他。今天你让父亲暴怒鞭打，拱手站着不逃走。你想，你不是一个百姓吗？如果杀死一个百姓，那给你父亲留下什么罪啊？"

这就是成语"小受大走""小杖则受，大杖则走"等的来历，是说轻打就受，重打就逃开，儒家认为这是孝子受父母责罚时应抱的态度。

这个故事很深刻，不要"愚孝"，而要学舜的"至孝""大孝"，这是孔子交给曾子孝的智慧，又是从舜那里得到启发的。再说，如果曾子被父亲打死了，那么其父就有罪，辱没了父亲，曾子也就是不孝之子了。孔子的这种逆向思维很有意思。

原文

曾子有疾,孟敬子①问之。曾子言曰:"鸟之将死,其鸣也哀;人之将死,其言也善。君子所贵乎道者三:动容貌②,斯远暴慢③矣;正颜色,斯近信矣;出辞气④,斯远鄙倍⑤矣。笾豆之事⑥,则有司⑦存。"

注释

①孟敬子:鲁国大夫仲孙捷,孟武伯的儿子。问:慰问,看望。

②动容貌:使自己的容貌严肃。

③斯远暴慢:就避免粗暴傲慢。斯:代词,那。暴:浮躁,粗暴。慢:傲慢。

④出辞气:说话注意言辞和语气。

⑤鄙倍:粗野。倍:本义即"背"。背理,错误。

⑥笾豆之事:指祭祀礼仪方面的具体事项。笾:竹制的祭器。豆:木制的祭器。

⑦有司:主管某方面事务的小官吏。

纪老师说

朱熹解释说:"鸟畏死,故鸣哀;人穷反本,故言善。"(《论语集注》)也就是说,鸟因为怕死而发出凄厉悲哀的叫声,人因为到了生命的尽头,反省自己的一生,回归生命的本质,所以说出善良的话来。

孟敬子是鲁国大夫,与曾子在政治立场上是对立的。曾子在临死以前,还在试图改变孟敬子的态度,所以他说:"人之将死,其言也善。"

人到生命的尽头,一切的辉煌荣耀,一切的挣扎算计,等等,都远离而去,一种痛惜,一种对于生命的亲切留恋油然而生,这是否是人们常说的"良心发现"?如果是,那可真是发现得太晚了一点啊!

《新序杂事一篇》有关于楚共王的一则故事:

楚共王有病,召令尹说:"我的常侍箴苏与我在一起,对我很忠诚,对我很善良。我和他相处,感到不安;不见面,不想。虽然这样,我经常有进步的时候,他的功劳不小,一定要封他高官厚爵。申侯伯跟我在一起,常常放纵我。我喜欢的,劝我去做;我爱好的,先替我准备好。我跟他在一起,很高兴;看不到他,我心里不愉快。虽然这样,我始终没有长进的地方。他的过错不小,必须亟待赶出去。"令尹说:"好吧。"

第二天,楚共王去世。令尹就拜箴苏为卿,把申侯伯赶出楚国。

曾子说:"鸟之将死,其鸣也哀;人之将死,其言也善。"这是说返归人的本性,楚共王所说的就是。

据说我国台湾首度解密蒋介石临终遗言:蒋介石临死前说过:"毛先生才是伟人,我干了一辈子坏事,愧对国人,愧对毛先生。"蒋介石之将死,其言也善,他最后说:"没有毛先生,中华就四分五裂了,我

死后，请把我灵柩朝北京摆放，我要向毛泽东请罪。"

这可不是一般的人之将死，而是人民公敌蒋介石，难不成也是其言也善？蒋介石被毛泽东深深地折服，只是这善言无可佐证，大约只是媒体用古语来说事罢了，骂了几十年斗了几十年，到头来人之将死时忽然醒悟，如果真有这事，倒也有趣得很。

原文

曾子曰："以能问于不能，以多问于寡；有若无，实若虚；犯而不校①。昔者吾友②尝从事于斯矣。"

注释

①犯而不校：别人冒犯了自己却不计较。校，计较。
②吾友：前人大多认为，此处的"吾友"指颜回。

纪老师说 ● ● ●

曾子这里夸奖的，能做到"问不能""问寡"的虚心，不计较别人的这个"昔者我友"是谁呢？是颜回。除了孔子一直表扬颜回，这里，曾子又一次表扬颜回。

古语说得好："谦受益，满招损。"一个人即使并不自满，而只是才华横溢，锋芒毕露，也都容易受到别人的攻击，受到损伤。因为你的流光溢彩使周围的人相形见绌，黯然失色。所以，凡事当留有余地，不那么锋芒毕露，咄咄逼人，使人家感到需要你却不受到你的威慑。要做到这一点，这就是"以能问于不能，以多问于寡，有若无，实若虚"。

大家都知道，知识分子多的地方是最难管理的地方，清华大学的老校长梅贻琦的治校成绩一直为业内所称道，这与他的管理智慧分不开。

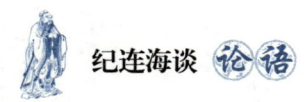

他遇到问题总是先问别人"你看怎么办好？"得到回答后如果同意就说，"我看就这么办吧！"如果不同意就说，"我看还是怎么办怎么办的好"，或者"我看如何如何办，就会如何如何"，或者"我看我们再考虑考虑"，从来没有急颜遽色。因为他说话喜欢用也许、或者等语助词，学生们甚至还送了一副对联给他，"大概也许或者是，可能恐怕差不多"。

原文

曾子曰:"可以托六尺之孤①,可以寄百里②之命,临大节而不可夺也。君子人与③?君子人也!"

注释

①六尺之孤:未成年的君主。六尺,古代的六尺相当于现在1.33米多一些,六尺高还是小孩子。孤,孤儿。

②百里:指诸侯国。

③与:通"欤"。表疑问的语气词。

纪老师说

可以托孤,可以寄命,以及临大节而不可夺其志的人,依曾子的看法,这样的人就是君子了。

刘备在白帝城把自己的儿子交给诸葛亮代为抚养,这个儿子正是笨头笨脑的蠢材"阿斗"。刘备对诸葛亮说:"君才十倍曹丕,嗣子可辅则辅之,不可辅则取而代之。"刘备此言把诸葛亮吓了一跳,他立即跪下:"臣鞠躬尽瘁,死而后已。"这便是允诺了,意谓叫刘备放心,我拼了老命扶持幼主。

在没有任何利益的前提下,愿意在朋友死后照顾其家庭,特别是

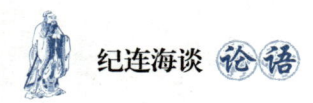

"阿斗"这样的孩子，在现代的社会，别人会说"疯子人与？疯子人也"，绝不会说"君子人与？君子人也"。

古代的"大义"，可以托六尺之孤的人，一定可以"寄百里之命"。"百里"，是领域范围，引申而为"天下"。临危受命，诸葛亮所表现的，不但是"义"，而且是"节操"。

小事可以糊涂，但大事必须认真，此所谓"临大节而不可夺也"。文天祥上半生风流放荡，他做太守时夜夜笙歌，可是国家大难来临，难得的是从容就义。元朝忽必烈对他十分敬重，宰相之位等待他去做，一直等了三年，文天祥不为所动。还有汉代的苏武，出使匈奴，被扣十九年，渴饮雪，饥吞毡，不投降，不辱使命，这些都是对于"节"事的具体事例。

原文

曾子曰:"士不可以不弘毅①,任重而道远。仁以为己任②,不亦重乎?死而后已③,不亦远乎?"

注释

①弘毅:胸怀阔广,性格刚毅。

②仁以为己任:即"以仁为己任"。

③已:停止。

纪老师说

曾子的这段话,可以说是儒家对士人最直接最具体的要求。如果把孔子看成儒家精神领袖的话,那么,曾子充当了辅导员的角色。这是儒家先祖发出的一篇纲领性文件,即动员令。于是中国的读书人,几千年来肩负重担,前仆后继,在这条先人指定的"仁"的路途上不断前行。

这条仁德之路,从上古绵延至今,它赋予士人、读书人、知识者的"任重而道远"的使命感,"不可以不弘毅"的精神,成为了炎黄读书人不变的基因。

中华上下五千年中,有多少仁人志士的故事千古流传?从纸上,从墨中,似乎能看到他们高大巍峨的身影,犹如一座座丰碑,矗立在历史

的洪波之中，指引着我们前进。

谭嗣同，湖南浏阳人，是中国近代资产阶级著名的政治家、思想家，维新志士。公开提出废科举、兴学校、开矿藏、修铁路、办工厂、改官制等变法维新的主张。写文章抨击清政府的卖国投降政策，1898年参加领导戊戌变法。

戊戌变法失败后，慈禧太后发动政变，捉拿维新派。日本使馆曾派人与他联系，表示可以为他提供"保护"，他毅然回绝，并对来人说："各国变法无不因流血而成，今日中国未闻有因变法而流血者，此国之所以不昌也。有之，请自嗣同始。"1898年9月24日，谭嗣同在浏阳会馆被捕。在狱中，他意态从容，镇定自若，写下了这样一首诗："望门投止思张俭，忍死须臾待杜根。我自横刀向天笑，去留肝胆两昆仑。"9月28日，他与其他5位志士英勇就义于北京宣武门外菜市口。当他们被杀时，刑场上观看者上万人，他神色不变，临终时还大声说："有心杀贼，无力回天，死得其所，快哉快哉！"充分表现了一位爱国志士舍身报国的英雄气概。

原文

子曰:"兴①于《诗》,立于礼,成于乐②。"

注释

①兴:起。这里是振奋的意思。

②成于乐:孔子关于"乐"的内涵离不开礼。他将音乐视为其教育的最后阶段。

纪老师说

人生之修养,诗、礼、乐是必需的阶段。孔子认为人才的培养,始于见识、知识的增长,然后是建立自己的道德观与行为规范,最后是自我心境与修养的形成,这样,通过"礼"与"乐"驾驭"诗",才能防止恃才而胡作非为,这样,才能使知识造福于人类。

阿里巴巴上市之前,马云在给内部员工的邮件结尾写道:

"'兴于诗立于礼成于乐',阿里人,过去15年我们过得很艰难,但很精彩。未来的每一天注定不会平凡,不会简单。今天不努力,我们可能看不到后天的太阳。没有一家企业会持久顺利,我们在坚持我们坚持的同时,必须为客户而变,为世界而变,为未来而变。"

马云是位商人,企业家,在这个特殊时候引用这句话,有何含义?

  回想阿里巴巴走过的路程，15年前，阿里巴巴18个创始人立志创建一家中国人创立的属于全世界的互联网公司，为了一个"让天下没有难做的生意"的使命，一群具有共同志向的年轻人聚集到了一起，他们为了一个共同的目标，一起磨合，奋斗，互相尊重，坚持"客户第一，员工第二，股东第三"的原则，坚持"认真生活快乐工作"的原则，让企业在世界上，独立地生存，并保持快速地发展，取得了最大的持久的成就。

  阿里巴巴的成功，诠释了"兴于诗，立于礼，成于乐"的含义。

原文

子曰:"民可使由①之,不可使知之。"

注释

①由:从,遵从。

纪老师说

这么一节看似简单的话,多少年来居然异解颇多,蔚为大观,"愚民说"甚嚣尘上。

我非常不明白:一个终身从事教育、创开办私学之先河、将文化由贵族转向平民、教出三千弟子的教育家,怎么会推行愚民政策?

所以,愚以为,合理的解释应为:民众应该被引导(如大禹之行水,水之道)而不应该被灌输。所谓道之,即人民心中本有理性、善念,治民者只需创造条件,使民之理性、善念,成长壮大,自由生长,如大禹治水,水本有冲决向下之力,不过略加引导,即有水道。

孔子对老百姓的引导,可从两件事来看:一是"子路受牛",一是"子贡赎人"。

《吕氏春秋》记载:子路救了一位溺水者,被救者送给子路一头牛以示感谢,子路收了。孔子赞赏,说:"鲁国人从此将喜欢救人于危

难之中。"子贡替一位奴隶赎身,拒绝收下国家赔偿金,认为做好事不应求回报。孔子批评他说:"鲁国将不再有人愿做这种替人赎身的好事了,因为子贡拔高了道德标杆。"这就是有名的"子路受牛以劝德,子贡谦让而止善"的故事。

有人质疑"子路受牛以劝德"与"君子喻于义"矛盾。子路可能冒着生命危险救人时,他并没考虑别人是送头牛还是送头羊,更没有要挟落水者家人,不送头牛就不救人,这本身就是大义大爱。对于大义大爱救人者,应该有回报,得到一定奖励。如若让救人义士受到伤害而无人理睬,最后落泪,或者,有人在救人时趁机拿走救人者的衣物、钱包,甚至讹上救人者,那么,有人受害时谁还会出手相救?受害的又将是谁?

无限拔高道德标准,将使普通人不再愿意做善事、好事,以致"扶不起、伤不起",这,你懂的。

孔子要的是利己的同时利他,利他的同时利己。至于毫不利己,借用孔子的话,可为"吾未见利人如利己者也"。

原文

子曰:"好勇疾①贫,乱也。人而不仁,疾之已甚②,乱也。"

注释

①疾:恨。
②已甚:太过分。

纪老师说

在孔子看来,老百姓如果不甘心居于自己穷困的地位,他们就会起来造反,这就不利于社会的安定,而对于那些不仁的人逼迫得太厉害,也会惹出祸端。

"疾贫"或"不仁的人"均是致乱的根本原因。孔子告诫有位的君子当以仁以德恤众恤贫,否则,祸乱丛生。那么如何对待"不仁的人"呢?孟子在《万章篇》中描写的柳下惠对待"不仁的人"的方法,很值得借鉴。

柳下惠不以侍奉坏君为可羞,也不以官小而辞掉。立于朝廷,不隐藏自己的才能,但一定按原则办事。自己被遗弃,也不怨恨;穷困,也不忧愁。同乡下人相处,高高兴兴得不忍离开。他说:"你是你,我是我,你纵然在我旁边赤身裸体,哪能就沾染着我呢?"所以听到柳下惠

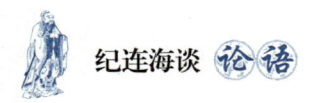

风范的人，胸襟狭小的人也宽大起来了，刻薄的人也厚道起来了。

原苹果公司CEO乔布斯化敌为友的做法，更是技高一筹。

一个年仅19岁的计算机天才尼古拉斯·阿莱格拉，他开发的代码可以让苹果手机用户随心所欲地安装软件，这种俗称"越狱"的行为，一度让乔布斯头痛不已。乔布斯向一位任美国国家安全局网络开发分析师的好友求助，这位曾在2007年首次尝试破解苹果手机，但没有任何进展的分析师说："在成就上，我认为不会有任何人能在近几年超过阿莱格拉，我们和他的差距太大了！"

2011年7月，阿莱格拉发布了新的破解代码。8月19日，阿莱格拉将苹果的系统漏洞捅得更大，有超过300万名用户同时"越狱"，几乎导致苹果公司的设备全面瘫痪。

乔布斯终于向这位"敌人"投降了，他带着自己的接班人库克找到阿莱格拉，和他谈人生、谈事业。乔布斯说："我知道，你所做的一切只是因为兴趣，但你更需要一份正式的工作！"随后，乔布斯表示欢迎阿莱格拉到苹果公司上班，他饱含真诚的话打动了阿莱格拉。阿莱格拉答应乔布斯再也不"调皮捣蛋"，而要利用课余时间进入苹果公司实习，将来毕业后再正式入职工作。直到这时，乔布斯心头的大石头才算落地。

原文

子曰:"如有周公①之才之美,使骄且吝②,其余不足观也已。"

注释

①周公:姓姬,名旦。周文王的儿子,武王的弟弟。曾辅佐成王治理天下,相传他制定了西周礼乐制度。

②使:假使,假如。吝:吝啬。

纪老师说

周公是孔子心目中的男神,是他一生的偶像,中国儒家和礼乐的先驱与奠基人。孔子在这儿说,就算有周公这样的能耐,如果骄傲和自私也等于自寻死路,这说明骄且吝的危害之大。

其实,大家不妨看看我们周围,一个人假如傲慢,又非常吝啬,不跟人分享,这样的人走到团队里,会不会受大家欢迎?不会。傲慢的人一讲话,就让人很没面子,曾国藩先生说,"讨人厌离不开一个骄字。"

战国时期,楚国有位大将,叫屈瑕。屈瑕是个骄傲自大的人。

楚武王派屈瑕带兵攻打罗国。出师之前,楚国大夫斗伯比为他送行,屈瑕喝了几杯酒后就说:"你看我们的军队多壮大强盛啊,罗国只

是一个小小的国家，我一定会顺利地打败他。"饯行之后，屈瑕率领人马意气飞扬地出发了。

斗伯比回来的路上对驾车的人说："屈瑕这次是打败了，你看走路把脚抬得高高的，多神气，他轻视敌人，骄傲自大，目空一切，怎能不打败仗啊！"

于是，斗伯比马上去见楚武王，说："你赶快派兵援助屈瑕吧！"武王没有听斗伯比的意见。

屈瑕率领军队来到罗国边境，他没有认真组织作战，而罗国早就订下夹击楚军的计划。屈瑕因轻敌而没有防备，结果楚军大败。

武王回到宫中，把斗伯比的意见跟夫人邓曼说了。邓曼是个聪明的女子，她告诉武王斗伯比是说屈瑕自高自大，必然失败，应该告诫他。于是武王马上派军援助，可是已经来不及了。楚军已经全军覆没，屈瑕一个人跑到山谷里自杀了。

诸葛亮将孔子"骄且吝"用在兵法分析上，他告诫他的战将说："将不可骄，骄则失礼，失礼则人离，人离则众判。将不可吝，吝则赏不行，赏不行则士不致命，士不致命则军无功，无功则国虚，国虚则寇实矣。"

原文

子曰："三年学，不至于谷①，不易得也。"

注释

①不至于谷：没有做官的念头。至，达到。谷，俸禄。古代用谷米作为官吏的俸禄。

纪老师说

"学得文武艺，货于帝王家"，古代学子十年寒窗苦读，就盼一朝金榜题名，实现理想，衣锦还乡，这也是大家的目标和人生追求。

但孔子反对将学习手段化，在孔子眼里，一个人若是苦读多年，尚未有当官的念头，学习完整的系统化治国之道后再当官，这是极为难得的。

读书不求世俗的功用，实在难得，就是现在，这样的人还有几个啊？管宁算是一个吧。

《世说新语》中《德行》一门记载：管宁和华歆一起锄菜园子，掘出了一块金子，管宁如同没见到一样，照常干活；华歆将金子拿到手里看了看，然后扔掉了。管宁和华歆一起同席读书，门外边有官员的仪仗喧哗而来，管宁听而不闻照样念书，华歆则放下书跑出去看热闹去了。

等华歆回来，管宁已经将坐席割开，说："你不是我的朋友。"表示志趣不同，要和华歆分座。

管宁——淡泊名利，宁静致远，性淡气清，爱憎分明，鄙弃世俗，大概担得起孔子的"三年学，不至于谷"了。

原文

子曰:"笃信好学,守死善道。危邦不入,乱邦不居。天下有道则见①,无道则隐。邦有道,贫且贱焉,耻也;邦无道,富且贵焉,耻也。"

注释

①见:通"现",显露。

纪老师说

"天下有道则见,无道则隐。"实际上还是"用之则行,舍之则藏。"(《述而》)只不过联系到学与守,贫贱与富贵作了更深入的阐发,使之具有更为坚实的基础和更为广阔的境界罢了。

君子或现或隐,或入世或出世,应当取决于天下是否有道,而不该以所谓功业的大小、政绩的多寡为标准。历史上那些好大喜功、穷兵黩武的皇帝,那些邀功求赏、助纣为虐的大臣,为了个人的名声和一己私利,置民众于水深火热之中,这哪里是什么功业政绩,这终将成为他们被审判的罪证。

孔子认为,君子应该有清醒的头脑,洁身自好,坚决不当搅屎棍。

《史记·老子韩非列传》有这样一则故事:孔子适周,将问礼于

老子。

老子曰:"子所言者,其人与骨皆已朽矣,独其言在耳。君子得其时则驾,不得其时则蓬累而行。"

孔子自鲁远道而来见老子,有两个目的:一是到老子这里来印证学问,所以,他一见老子,就慷慨陈词,纵论古人;二是想听听老子的学问,以扩大见闻。

没想到老子毫不留情地否定了孔子的学问,大袖一挥,把孔子心目中的古圣先贤轻轻掸去。接着,他淡淡地说道:"君子嘛,如果天下太平,官场干净,就出来坐坐公车做做官。如果时运不济,官场贪腐,那就做野外的蓬草,在乡下随风而行安步当车吧。"

当时孔子三十四岁,志向远大,才能卓越,有一股子"天下兴亡舍我其谁"的劲头。老子这番话,一定让他惊诧莫名,如遭棒喝。

一个人,如果有才干,再有志向,雄心勃勃,气势汹汹,雄辩滔滔,逼人咄咄——他此时最需要的,就是这样的当头一棒。

老子提醒他的,不过是:这世界比你的额头坚硬得多,不要正面撞上了……知道进,还要学会退。知道勇,还要学会怯。知道直行,还要学会迂回。知道坚定,还要学会灵活。

老子接着教导孔子说:"吾闻之,良贾深藏若虚,君子盛德,容貌若愚。"

他不动声色地点出两个字:藏和愚。愚就是藏,把智慧藏起来,把才华藏起来,把志向藏起来,把理想藏起来。藏不是没有,不是放弃,是一种含蓄而坚定的保持,却并不咄咄逼人,大概就是我们常说的韬光养晦吧。

原文

子曰:"不在其位,不谋其政。"

纪老师说

"不在其位,不谋其政",尽管有许多人对这句话颇有异议,但即使是现在看来也是非常有智慧的一句话。

所谓"不在其位,不谋其政",从字面上来理解就是:你在这个位子上,就要去谋政;你不在这个位子上,就不要去谋政,其本意是说,不要心怀叵测图谋别人的权位。

为什么这样说呢?这是"位子"本身所赋予的职责和权力所决定的,你只有在其位才有最终的决断权,除非对方愿意接纳你的想法,否则讨论"谋"还是"不谋"没有任何的意义。用小布什总统曾经说过的一句名言来说就是:"我就是最后拿主意的人,我决定什么是最好的办法。"

张居正说:"凡人有是职位,就有责任,就要有谋为,比如任公卿大夫之职,就要谋公卿大夫的政事;如果你不在其位,其责任就与你无关,就不要去商度可否之宜,陈述利害之故,这样就是思出其位,犯非其分,就是冒犯别人。"

宋徽宗赵佶也许是中国最有才气的皇帝,其对北宋时期的绘画艺

术、文化发展都起到了很大的倡导和推动作用。琴棋书画、诗词歌赋，无不精通，还自创了"瘦金体"书法，一生的诗词字画作品无数。在艺术领域及其他很多方面都称得上成绩斐然，但是，遗憾的是他单单没有做好自己的本职工作——治理天下。结果只顾着做别的事，把自己最该做的治理国家的头等大事交给了蔡京、童贯等祸国奸臣，导致朝野上下穷奢极欲，大肆兴建楼台殿阁，滥增捐税，以致山河日下，全国各地起义不断，宋江、晁盖、方腊都是此时出现的乱世豪杰。外有金兵入侵，内有起义不断，而京城却一片歌舞升平，赵佶甚至不知道江山社稷已经朝不保夕。宣和七年，金兵南下，赵佶无奈，传位与赵桓，自称太上皇。靖康二年被金兵所俘，后死于五国城。

宋徽宗的失败，就在于他让那些不在其位的人，谋了他的政，从而导致了国家灭亡。

原文

子曰："师挚之始①，《关雎》之乱②，洋洋乎盈耳哉！"

注释

①师挚之始：从太师挚开始演奏。师挚，鲁国的乐师，名叫挚。古代奏乐，开始叫"升歌"，一般由太师演奏。

②《关雎》：《诗经·国风》的第一篇。乱：乐曲结尾的一段。乱一般是合乐，像现在的合唱、合奏。此是指《关雎》与《葛之覃》《卷耳》《雀巢》《采蘩》《采萍》的合乐。

纪老师说

本章是孔子对挚合礼之乐的赞扬。孔子讲自己听师挚演奏乐曲时的感受。"洋洋乎盈耳"是形容他在享受丰富而美妙的音乐时，已全身心融入其中，"师挚之始，《关雎》之乱"的场景、画面、妙曲，时时浮现于脑海，萦绕于耳际，以至于久久不能忘怀。

《诗》三百篇都能吟唱，据《史记·孔子世家》记载，孔子在整理《诗》时，曾把它们配乐演奏过，"以求合《韶》《武》《雅》《颂》之音"。

 纪连海谈 论语

原文

子曰:"狂而不直,侗而不愿①,悾悾②而不信,吾不知之矣。"

注释

①侗而不愿:幼稚而不老实。侗:幼稚,无知。愿:谨慎、老实。
②悾悾:诚恳的样子。

纪老师说

孔子以"没有想到"这一表达方式,对这样的人品做了坚决的否定,也给学生们明确的警示:千万不要让自己成为这样的人啊!狂与不直,侗与不愿,悾悾而不信,这三种人都是反乎常情者,难以教化。

历史上,就有这样一位集三种坏品行于一身的人,他就是春秋时代的晋惠公姬夷吾。

晋献公去世后,为逃避后母骊姬的迫害,夷吾和二公子重耳分别出逃国外,在晋国经历了一系列血腥的弑君案后,由于重耳对弑君行动心有余悸,拒绝回国继位,大臣里克找到了夷吾。这位流亡中的公子,诚恳地表示,即位后把丰饶的汾阳之地分封给里克,接着郑重地承诺,割让晋河以西的土地给秦国。如此,在实力派大臣里克的支持下,在强大的秦国护送下,夷吾幸运地成为晋国的新君。这位晋惠公即位后,很快

展现出了孔丘所说的三组品格：

悾悾而不信——首先，以正义之名，诛杀了曾屡次弑君，从而为夷吾上台创造了绝对条件的里克。接着，以割地予秦，无法律依据为由，回绝了秦国对晋河以西之地的要求。

侗而不愿——秦国最初青睐夷吾，及至夷吾对秦国在割地问题上毁约后，仍在晋国大饥荒时，满足了夷吾粮食援助的请求，乃至秦国对夷吾背信弃义，所表现出的罕见的大度，有一个极重要的原因，就是夷吾的姐姐，是秦穆公宠爱的夫人。夷吾无视阿姐这种无形而决定性的作用，自认为绝世聪明，可以玩弄秦国于手掌之中，因而一再重复卑劣的无赖游戏。

狂而不直——在屡次成功戏弄里克、秦穆公后，夷吾狂妄到了极点。在晋国大饥荒的第二年，秦国也发生大饥荒，秦穆公理直气壮地向晋国提出了援粮请求，夷吾和他的亲信大臣商量后一致认为，邻国饥荒时，借粮是愚蠢的，不借此机会攻打更是逆天而行，因而理所当然拒绝了秦国，并陈兵晋秦边境，不断挑衅。

终于，秦国上下忍无可忍。转年春天，穆公御驾亲征晋国，活捉夷吾后班师回朝。夷吾终于无法再耍秦国了。遗憾的是，小人往往是幸运的，就在夷吾即将人头落地之际，又是阿姐以死相威胁，硬是从穆公刀下救了夷吾的小命，也给夷吾上了一堂异常生动的实力课。

纪连海谈 论语

原文

子曰:"学如不及,犹恐失之。"

纪老师说

孔子的自白给我们以"活到老,学到老"的感觉。在被称为"信息爆炸"时代的今天,孔子这句话也已经丝毫不夸张了,不及时"充电学习",我们时刻都会落伍,不论是学生还是工作人员,"终身学习"已成为必需。

好学勤学善学的人,才会取得成功。

海尔集团董事局主席兼首席执行官张瑞敏有一个外号——"书呆子",他喜欢读《论语》《道德经》《孙子兵法》,最大的爱好是哲学。他是"既懂外国的经营管理,又懂中国的《孙子兵法》,还懂《共产党宣言》的企业家"。

作为海尔的领头人,张瑞敏不抽烟、不喝酒,也不喜欢应酬,唯一的爱好是读书和与专家恳谈。有人曾经问张瑞敏成功的秘诀是什么?张瑞敏回答:学习和读书。

对于阅读的热爱早在童年时代就植根于张瑞敏的心中。有一次媒体采访已是成功企业家的张瑞敏:"张总,您从小一定立有大志!是什么理想?""当记者!"张瑞敏很认真地说。"不会吧?开玩笑吧?"

记者大笑，以为这位首席执行官在调侃。"真的！"张瑞敏认真地说，"我小时候特别喜欢文学，当时就想将来要当记者，心目中的记者职业很了不起！能写出那么多好文章！如果没有'文革'，报考大学的志愿我一定会填新闻系！"

掌管企业后，张瑞敏的阅读很多是跟企业管理相关的书。对于自己在企业中的地位和角色，张瑞敏打过一个比方："我在企业里扮演两个角色，一个是设计师，另一个是牧师。设计师的角色要为企业制定发展战略，确保企业朝着正确的方向发展；牧师的角色就是布道，这个道就是海尔文化。"

在中国所有企业中，有着自己管理之道的还不是很多，而海尔就是其中之一，这与领航人张瑞敏的"阅读"不无关系。他通过研读大师的管理原著，领略前人的管理智慧，创新实施后来闻名于世的"海尔模式"。把海尔今天的成功之一归结于张瑞敏一直以来的读书精神，这种评价并不过分。因此，当很多人把读书当成消遣或者把书当成摆设的时候，张瑞敏的"读书哲学"就显得弥足珍贵。

原文

子曰:"巍巍乎①,舜禹之有天下也而不与焉!②"

注释

①巍巍乎:高大的样子。

②舜禹:远古的君主。相传他们都是因禅让而即帝位的。与:私自占有。

原文

子曰:"大哉!尧之为君也。巍巍乎!唯天为大,唯尧则①之。荡荡乎②!民无能名③焉。巍巍乎!其有成功也。焕④乎!其有文章⑤。"

注释

①则:规则,意动用法,以……为规则。即效法,效仿。

②荡荡乎:广大的样子。这里指尧的恩德广大。

③名:形容,称赞。

④焕:光明的样子。

⑤文章:礼仪典章制度。

原文

舜有臣五人①而天下治。武王②曰："予有乱臣③十人。"孔子曰："才难④，不其然乎？唐虞⑤之际，于斯⑥为盛。有妇人焉⑦，九人而已。三分天下有其二⑧，以服事殷。周之德，其可谓至德也已矣。"

注释

①舜有臣五人：传说是禹、稷、契、皋陶、伯益五人。

②武王：周武王，姓姬，名发，周国开国的天子。

③乱臣：治国之臣。乱，治理。

④才难：人才难得。

⑤唐虞：唐尧、虞舜（即尧、舜时代）。

⑥于斯：到周武时代。斯：这，指代周武王说话时。

⑦有妇人焉：十人之中还有一位妇女。妇人，相传是指太姒，文王的后妃，武王的母亲，能以德化天下。

⑧三分天下有其二：商代末年，周文王的势力已很大。相传当时天下分九州，文王得六州。

原文

子曰:"禹①,吾无间然②矣!菲③饮食而致孝乎鬼神,恶衣服而致美乎黻冕④,卑宫室而尽力乎沟洫⑤。禹,吾无间然矣!"

注释

①禹:夏国开国的天子。

②无间然:无可指责。间,罅隙、缺陷。

③菲:薄。

④黻冕:古代祭祀时穿的衣服叫黻,戴的帽子叫冕。

⑤沟洫:沟渠,指农田水利。

纪老师说

这四章内容,都是孔子极力赞扬古代贤君的语录。

孔子十分敬仰古代的杰出政治领导尧,"唯天为大,唯尧则之",认为尧的德行足以配天;舜、禹是我国原始社会里的君长,也是孔子心目中的圣王,舜和禹的崇高伟大在于拥有天下,但是不谋私利。

尧禅位于舜,舜奖善惩恶,举用贤才,天下大治。舜禅位于禹,禹治洪水,三过家门而不入,有大功于天下,所以受到孔子的赞美。

尧君伟大,在于运用天道;虞舜和武王伟大,在于运用"人道"。

人道即"人才"。"舜有臣五人",武王"有乱臣十人",以及"周之至德",均是用具体例证说明虞舜和武王运用人道而治理天下的特点。孔子所说的"才难",人才难得,也是对圣人用人之道的赞扬。

人才难得,古往今来都是如此。就以历史传说中最好的虞舜时代来说,才得五个贤臣,周武王时也才十个,其中还有一位贤内助,不能算严格意义上的"臣"。

另外,人才也不在多而在精。不仅虞舜、武王时代只有五个、十个,就是后世的汉高祖,不也就张良、萧何、陈平三杰吗?

俗话说"艄公多了打翻船",能干的人太多聚在一起,反而会出问题。所以水镜先生对刘备说:"卧龙、凤雏,得一而安天下。"想不到刘备竟一下得了两个,结果反倒难安天下了。这是《三国演义》中的公案。

正因为治理国家需要人才,历史上才有了许多招揽贤才的美谈,古代燕昭王黄金台招贤,便是最著名的例子

燕国国君燕昭王(公元前311—前279年)一心想招揽人才,而更多的人认为燕昭王仅仅是叶公好龙,不是真的求贤若渴。于是,燕昭王始终寻觅不到治国安邦的英才,整天闷闷不乐。

后来有个智者郭隗给燕昭王讲述了一个故事,大意是:有一国君愿意出千两黄金去购买千里马,然而时间过去了三年,始终没有买到,又过去了三个月,好不容易发现了一匹千里马,当国君派手下带着大量黄金去购买千里马的时候,马已经死了。可被派出去买马的人却用五百两黄金买来一匹死了的千里马。国君生气地说:"我要的是活马,你怎么花这么多钱弄一匹死马来呢?"

国君的手下说:"你舍得花五百两黄金买死马,更何况活马呢?我

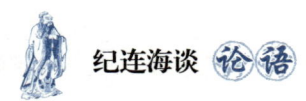

们这一举动必然会引来天下人为你提供活马。"果然，没过几天，就有人送来了三匹千里马。

郭隗又说："你要招揽人才，首先要从招纳我郭隗开始，像我郭隗这种才疏学浅的人都能被国君采用，那些比我本事更强的人，必然会闻风千里迢迢赶来。"

燕昭王采纳了郭隗的建议，拜郭隗为师，为他建造了宫殿，后来没多久就引发了"士争凑燕"的局面。投奔而来的有魏国的军事家乐毅，有齐国的阴阳家邹衍，还有赵国的游说家剧辛，等等。落后的燕国一下子便人才济济。

从此以后，一个内乱外祸、满目疮痍的弱国，逐渐成为一个富裕兴旺的强国。接着，燕昭王又兴兵报仇，将齐国打得只剩下两个小城。

千金易得，一将难求。得人才者得天下，这是历史证明了的真理。